Die KUNST des Zeichnens FÜR KINDER

ÜBUNGSBUCH

ZEICHEN-TECHNIKEN

INHALTSVERZEICHNIS

Übung macht den Meister 4

GRUNDKURS 5

Spielerischer Einstieg 6
Flächen 7
Schraffuren 8
Freie Schraffuren 10
Formlinien 12
Punkte und Verläufe 14
Linien und Konturen 16
Verwischen und radieren 18
Licht und Schatten 20
Glanzeffekte 22
Strukturen 24
Strukturen abreiben 26
Kreise 28
Perspektive 30
Hilfslinien 32

PERSPEKTIVEN 34

Zauberwürfel 35
Allee 36
Natursteinhaus 38
Schriftzug 40

LICHT UND SCHATTEN 42

Halbprofil im Licht 43
Frontal im Licht 44
Halbschatten 46
Silhouetten 48
Im Wald 50

GLANZ UND SURREALISMUS 52

Himmelsmeer 53
Schlüssel 54
Augenblick 56
Brombeerkirsche 58
Fliegender Elefant 60

FLÄCHEN, MUSTER UND EFFEKTE 62

Musterteppich 63
Patchwork 64
Wellen 66
Strudel 68
Im Unterholz 70
Abstrakt 72

TECHNIKEN SPEZIAL 74

Skizzen

Schnelles skizzieren 75
Bildhaftes skizzieren 76
Kreatives skizzieren 78

Bewegung

Studien 80
Galopp 82
Sprint 84

Frottage

Hund 86

One Line

Ballerina 88
Fußballer 90

Dotwork

Porträt 92

Buchwerbung 94
Impressum 96

ÜBUNG MACHT DEN MEISTER

Liebe kleine und große Künstlerinnen und Künstler,

über die Jahre hinweg bin ich bei meinen Zeichenkursen mit vielen Kindern und Erwachsenen ins Gespräch gekommen. Dabei tauscht man Erfahrungen aus und gibt sich Tipps. Obwohl meine Zeichenkurse sich mit sehr unterschiedlichen Themen beschäftigen, kommen dennoch meistens ähnliche Frage auf, was bestimmte Zeichentechniken angeht. Wie macht man Schraffuren? Wie erzeugt man Licht und Schatten? Wie bekommt man Glanz in die Zeichnung? Wie funktioniert die Perspektive und welche Varianten gibt es? Das sind nur vier Beispiele der am häufigsten gestellten Fragen.

In diesem Übungsbuch kannst du sofort loslegen und dich genau in diesen Punkten verbessern. Dazu bietet das Buch eine Reihe an interessanten Motiven. Der Spaß steht bei aller Technik also wie immer im Vordergrund.

Ran an die Stifte!

Euer

Gecko Keck

Schwierigkeitslevel

★☆☆ LEICHT

★★☆ MITTEL

★★★ SCHWER

GRUNDKURS

Im Grundkurs werden Techniken dargestellt, welche du vielleicht noch nicht kennst oder noch nicht probiert hast. Du wirst staunen, wie schnell du damit besondere gestalterische Effekte erzielen kannst. Nimm dir Bleistifte (von HB bis 5B), Spitzer, Radierer und Lineal und leg los!

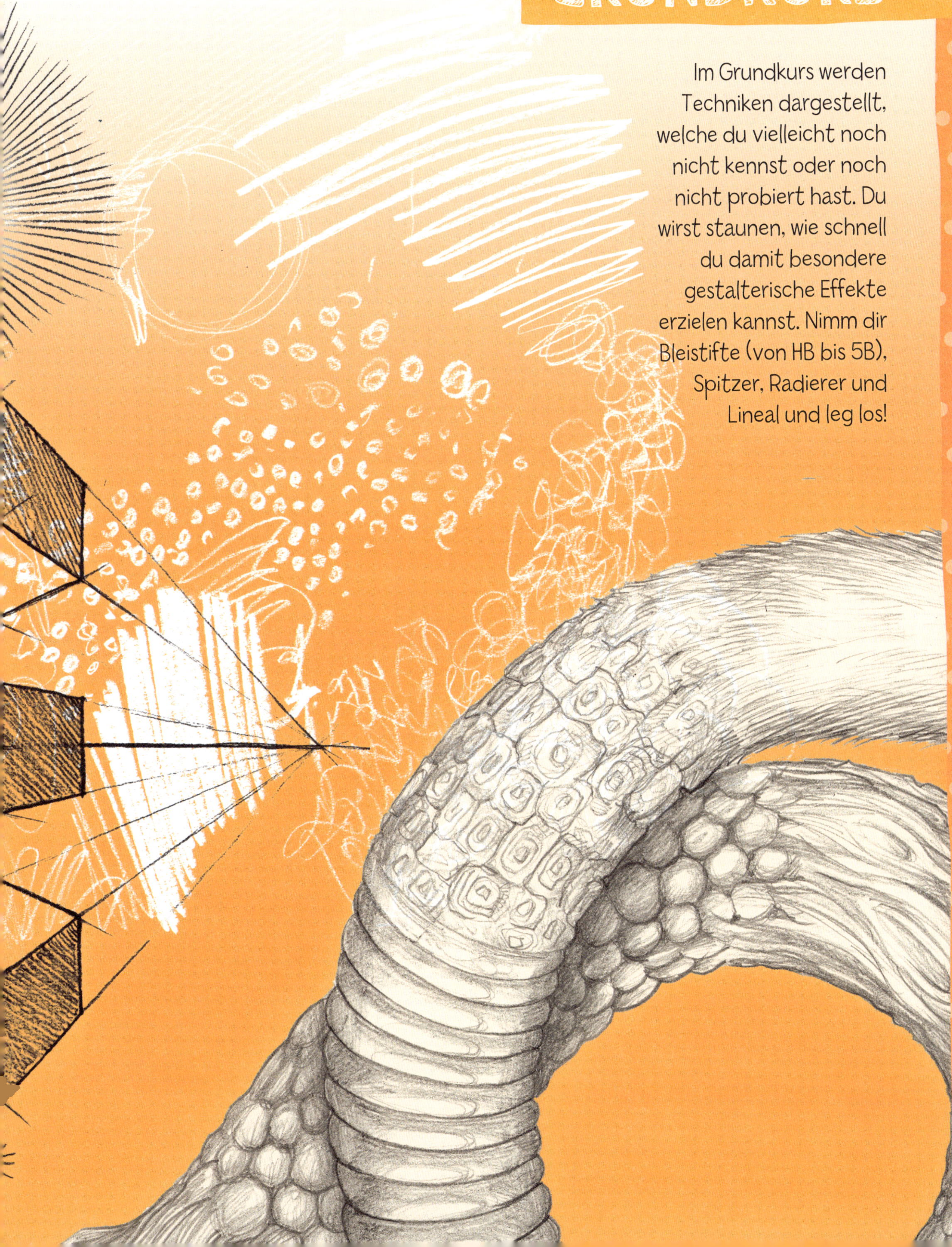

SPIELERISCHER EINSTIEG

Das Zeichnen geht viel leichter, wenn du locker bist und du einen freien Kopf hast. Darum ist es hilfreich sich wie beim Sport am Anfang aufzuwärmen. Das geht am besten, indem du einfach loskritzelst.

Hier wurde bereits angefangen zu kritzeln, ergänze deine eigenen Kritzeleien.

FLÄCHEN

Zeichne noch mehr Flächen
rund um den Läufer.

Es gibt ganz unterschiedliche Arten, mit Bleistiften zu gestalten. Um glatte Flächen darzustellen, zeichnest du so dicht, dass nahezu keine einzelnen Linien mehr sichtbar sind.

Die Konturen und ein paar Flächen sind vorgegeben. Gestalte die Abbildung weiter.

SCHRAFFUREN

Bei Schraffuren geht es – im Gegensatz zu geschlossenen Flächen – darum, mithilfe eines Liniengeflechts den Eindruck einer Fläche zu erzeugen.

Füge noch weitere Schraffuren hinzu.

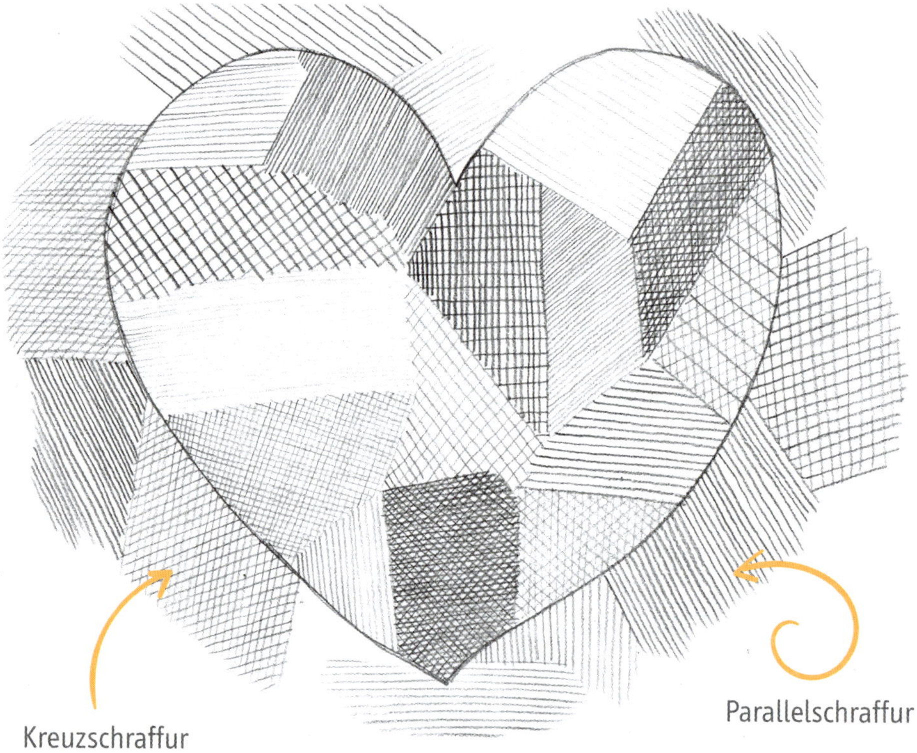

Setze die Reihen mit schnellen und langsamen Schraffuren fort.

Nutze die Fläche im und um das Herz, um verschiedene Schraffuren zu üben.

FREIE SCHRAFFUREN

Auf dieser Doppelseite siehst du Schraffuren, die aus unterschiedlichen freien Liniengeflechten erstellt wurden.

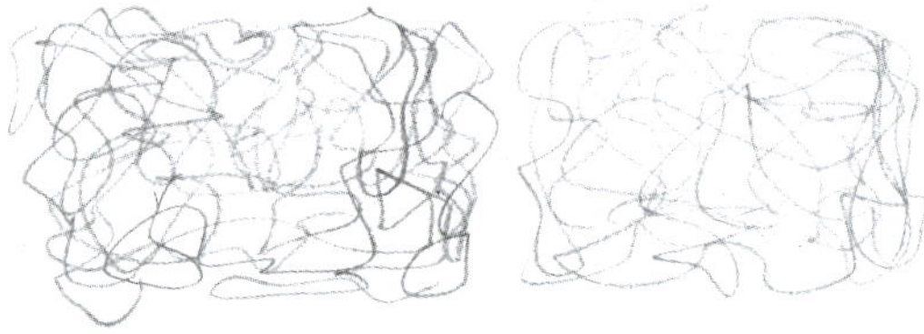

Ergänze deine eigenen freien Schraffurflächen. Arbeite die Schraffuren um das Pferd weiter aus.

Gestalte die Konturen des Pferds mit freien Schraffuren deiner Wahl.

FORMLINIEN

Formlinien folgen der Form des zu zeichnenden Körpers. Du zeichnest im Grunde die Biegungen oder Kanten der Formen nach. Dadurch erscheinen Körper dreidimensionaler.

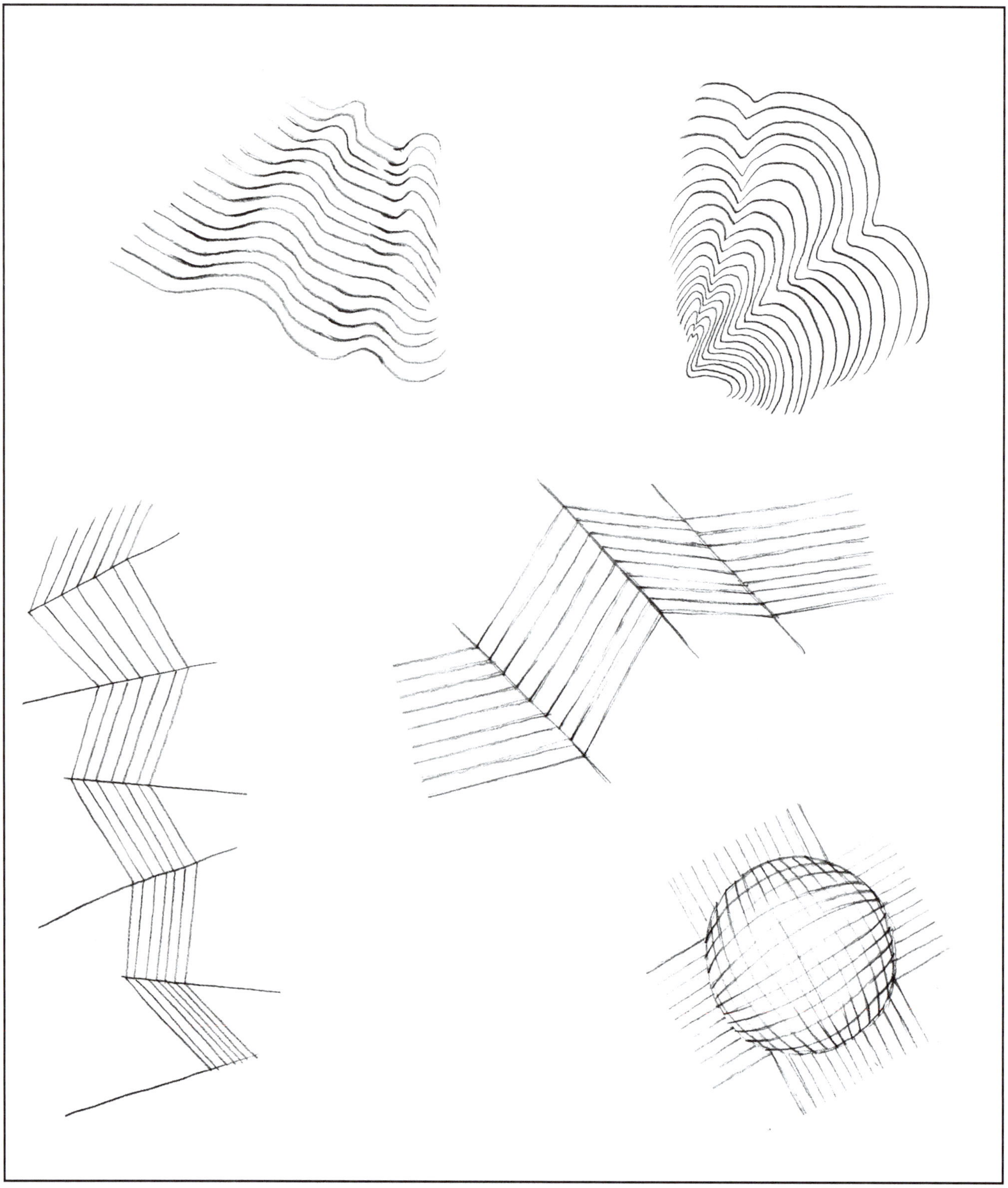

Ergänze weitere Formlinien bei den abgebildeten Formen.

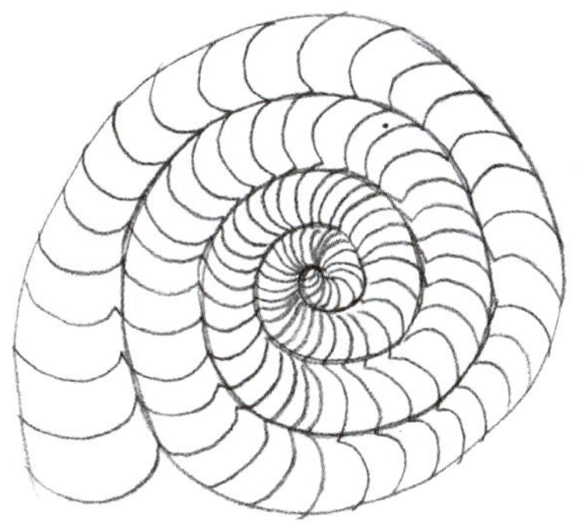

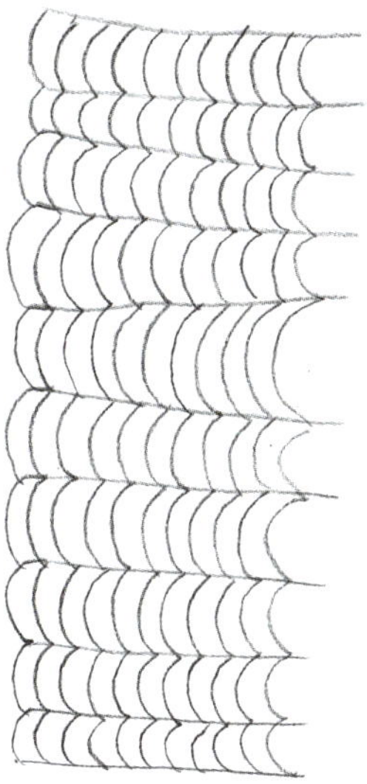

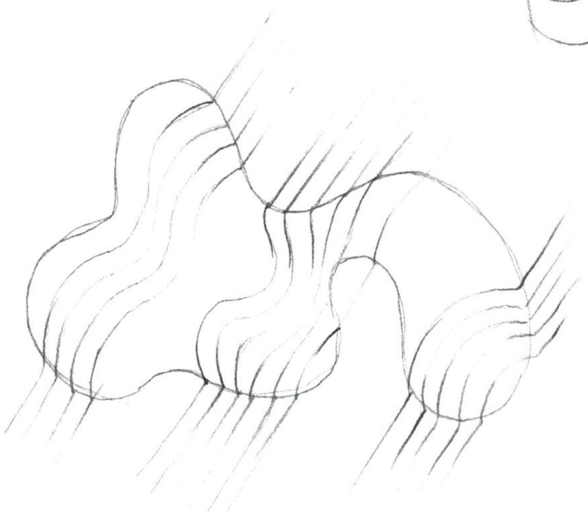

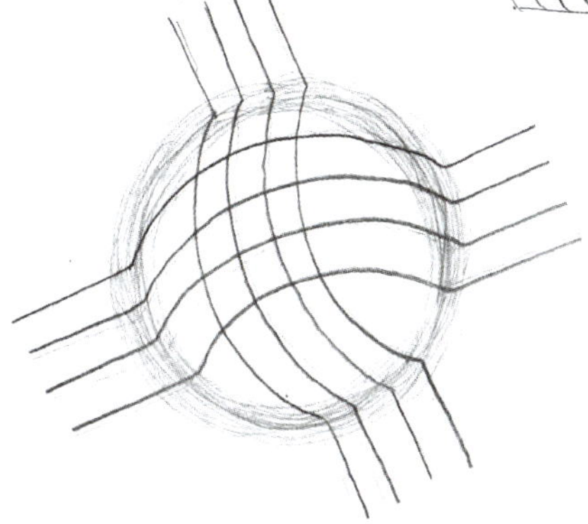

Fülle die leere Fläche mit Körpern, die du mithilfe von Formlinien darstellst.

PUNKTE UND VERLÄUFE

Auf dieser Doppelseite sind einige Techniken in einem Übungsbild zusammengefasst. Neu zu entdecken, gibt es dabei Verläufe von hell nach dunkel und Dots. Das sind Punkte, die zur Gestaltung von Dotwork-Zeichnungen benutzt werden.

Hier ist noch viel Platz, um die abgebildeten Techniken zu üben. Fülle die beiden Seiten bis zum Rand.

Helldunkelverläufe machen mir am meisten Spaß.

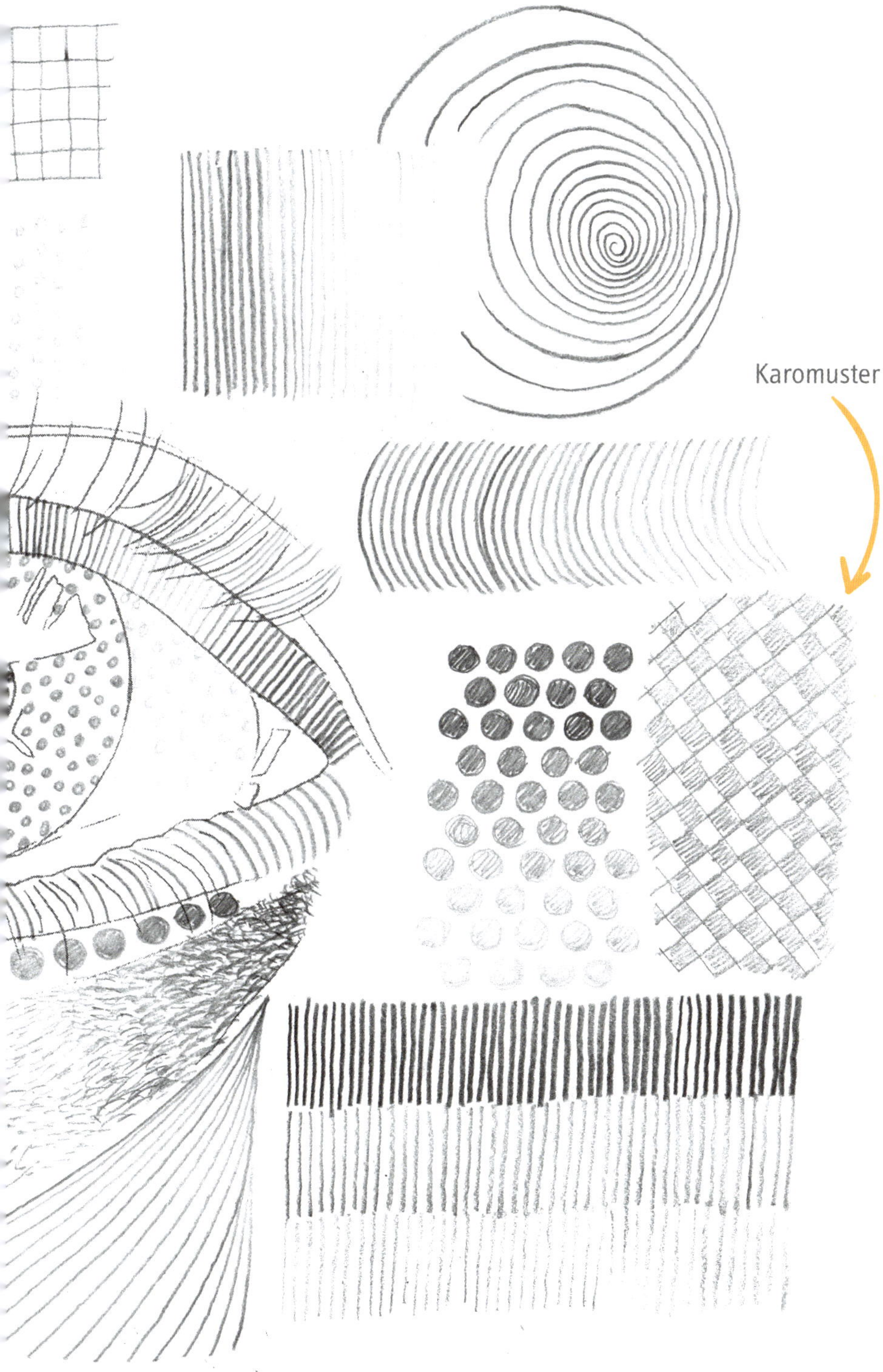
Karomuster

LINIEN UND KONTUREN

Neben Schraffuren und Flächen sind natürlich auch Linien und Konturen ein wichtiges Stilmittel beim Zeichnen. Bei der One-Line-Technik werden Motive sogar nur mithilfe einer einzigen Linie gezeichnet.

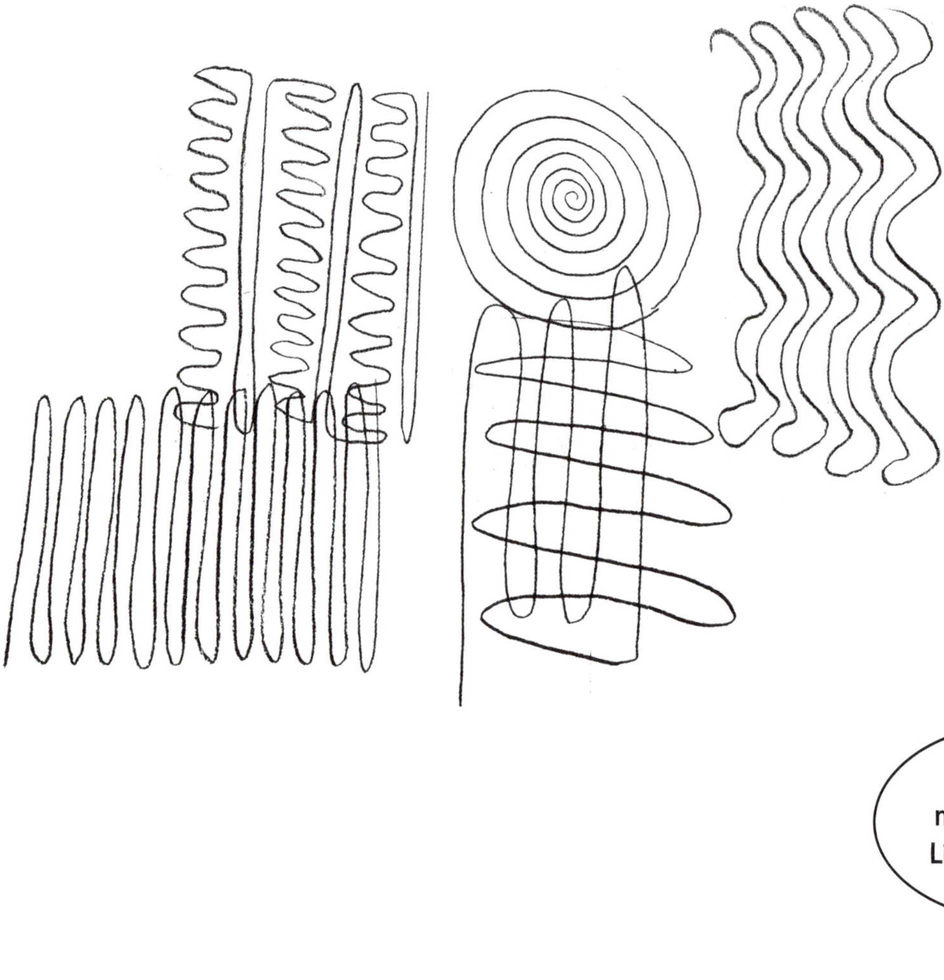

Ergänze weitere Liniengeflechte, die du ohne abzusetzen zeichnest.

Versuche, die One-Line-Motive nachzuzeichnen.

VERWISCHEN UND RADIEREN

Das Verwischen eignet sich besonders für Objekte in Bewegung und zum feinen Abstufen. Nach dem Verwischen können zur Gestaltung Linien oder Flächen ausradiert werden.

Ausgangsflächen

Zeichne dichte Flächen, die du danach verwischt. Probiere auch die Radiertechnik.

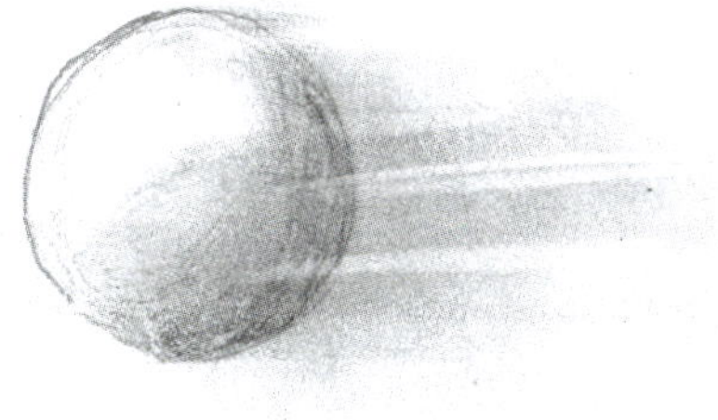

Gestalte in der freien Fläche eigene Motive mit der Wisch- und Radiertechniken.

LICHT UND SCHATTEN

Da Schatten, je nach Komplexität des Körpers, sehr unterschiedlich und vielschichtig ausfallen können, übst du im Grundkurs zunächst mithilfe einfacherer Körper und klar definierter Richtung des Lichts.

Koloriere die Flächen und Körper mit Buntstiften.

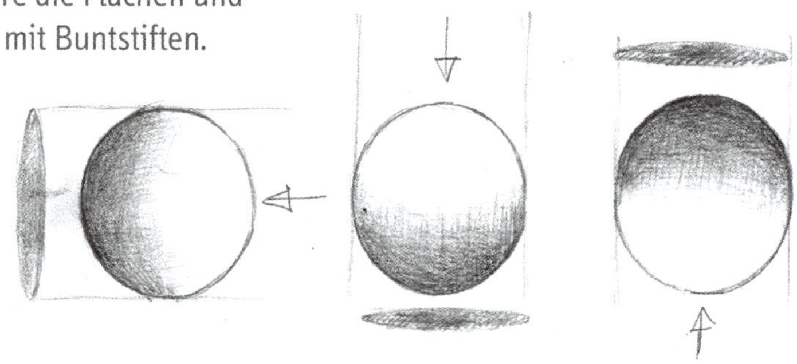

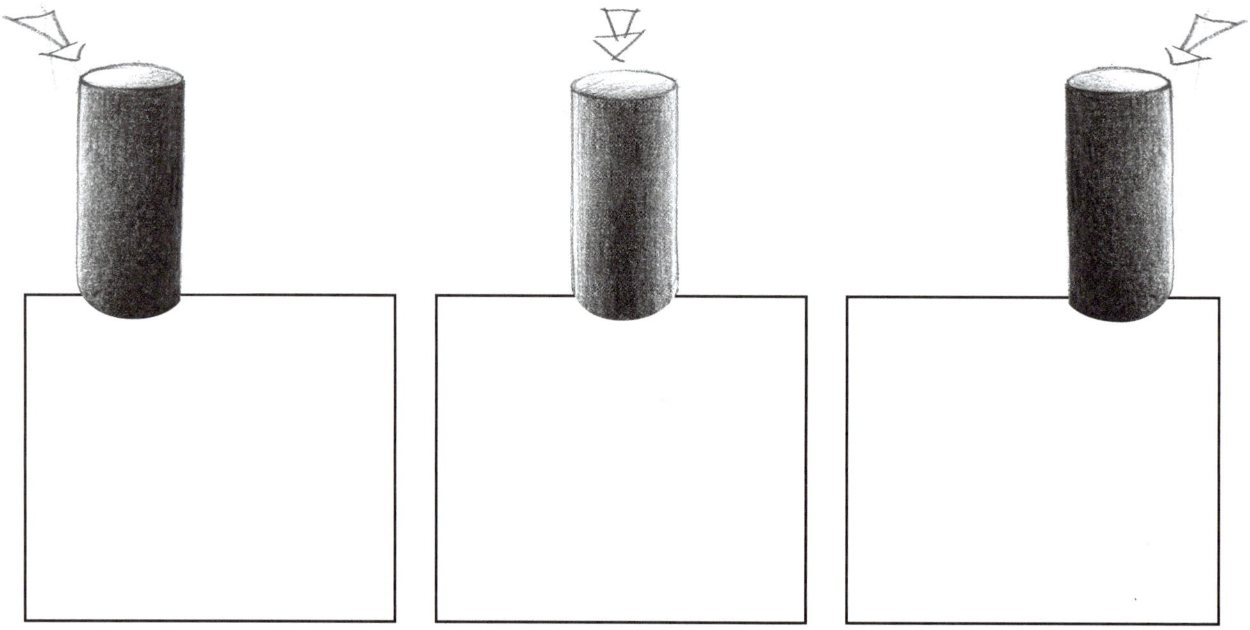

Übe das Zeichnen der Zylinder mit den Schatten, die durch das Licht von hinten entstehen.

Gestalte die Schatten der Formen, die auf dieser Seite vorgegeben sind.

GLANZEFFEKTE

Zeichnet man ein Motiv mit glatter oder glänzender Oberfläche, so gilt es, genau diesen Glanz darzustellen. Was sich schwierig anhört, ist im Grunde eher einfach.

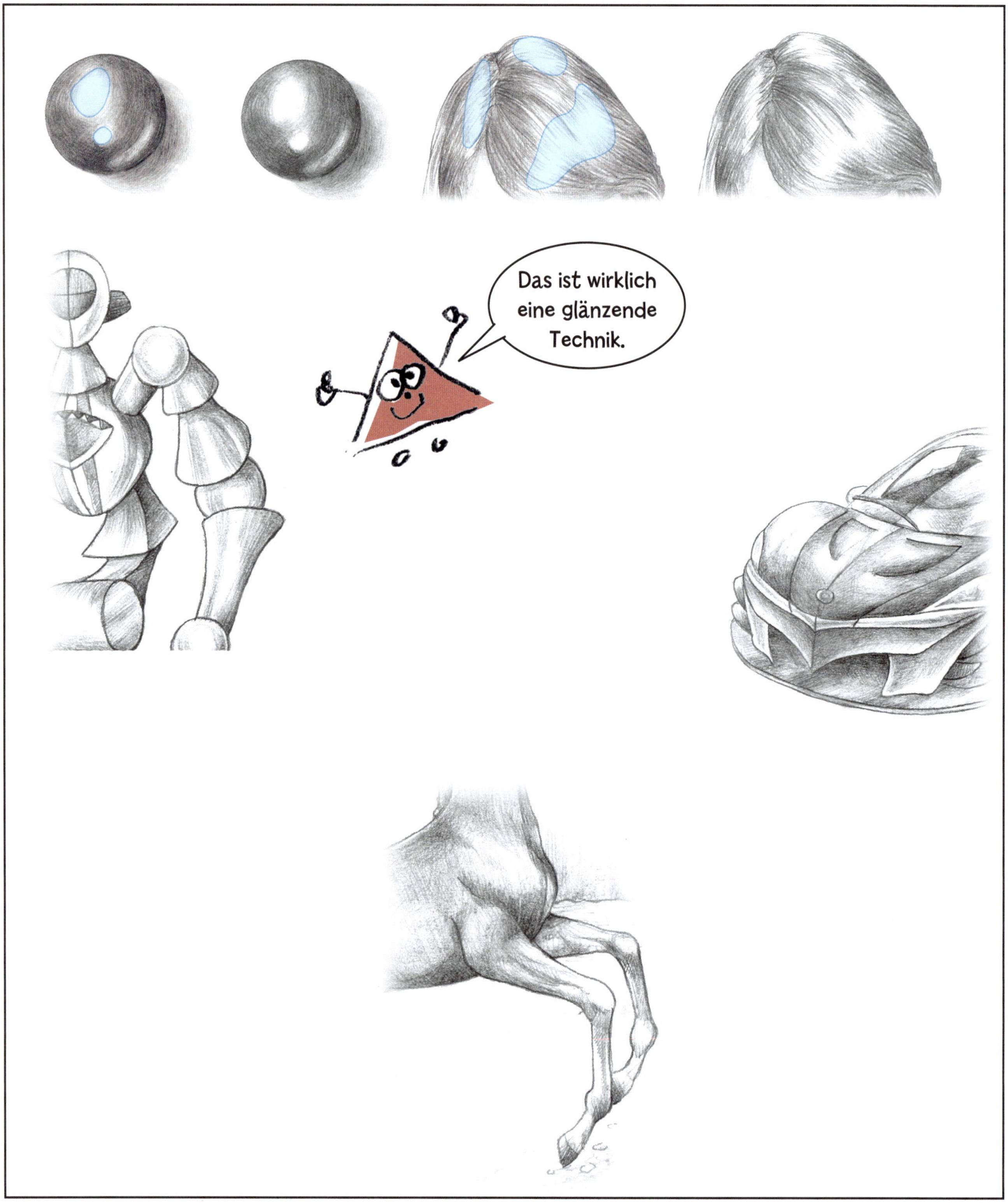

Markiere die weißen Glanzflächen. Ergänze weitere glänzende Motive deiner Wahl.

Zeichne an den abgebildeten Motiven noch ein Stück weiter.

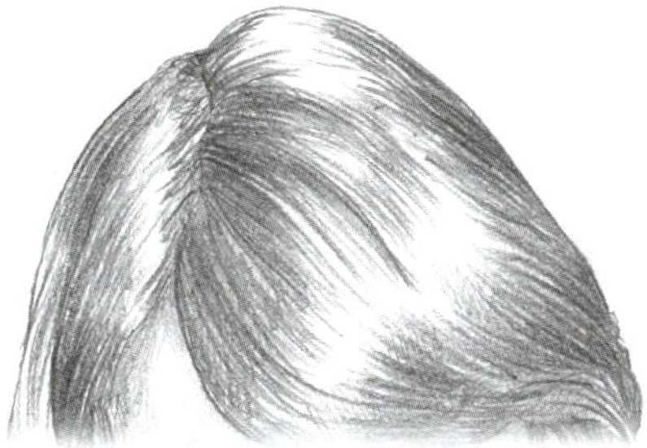

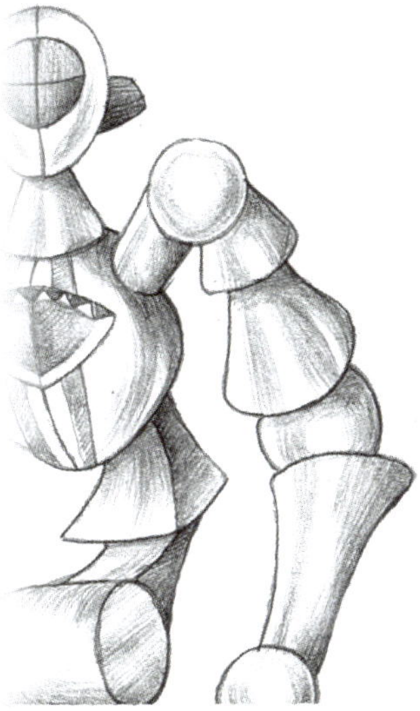

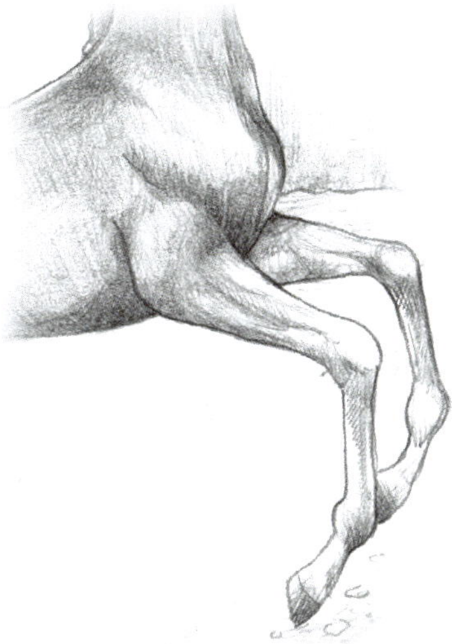

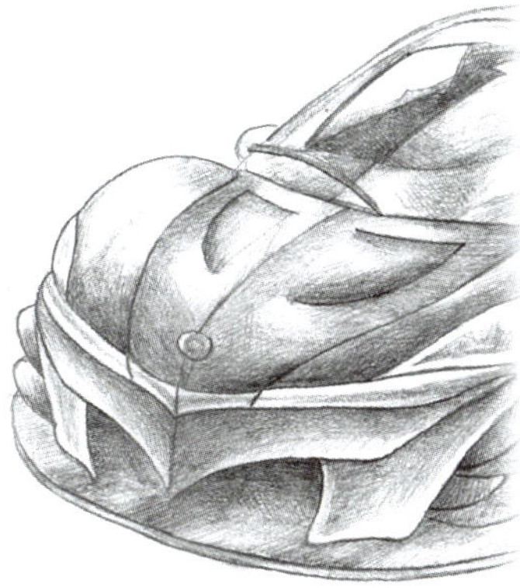

Versuche, in dieser Fläche die oben abgebildeten Motive mit Glanz nachzuzeichnen.

STRUKTUREN

Zeichnet man Strukturen, simuliert man im Grund grafisch die tatsächliche Struktur, indem man Linien, Flächen und Oberflächen versucht nachzuempfinden.

Gestalte die Flächen des Kopfs mit motivfremden Strukturen wie im abgebildeten Beispiel.

Zeichne deine eigenen Strukturen in die Kontur und arbeite das Motiv fertig aus.

STRUKTUREN ABREIBEN

Für die Abreibetechnik (Fachbegriff „Frottage“) legst du ein Blatt Papier auf die Struktur, die du haben möchtest, und fährst mit dem Bleistift flach darüber, sodass sich die Struktur auf dem Papier abzeichnet.

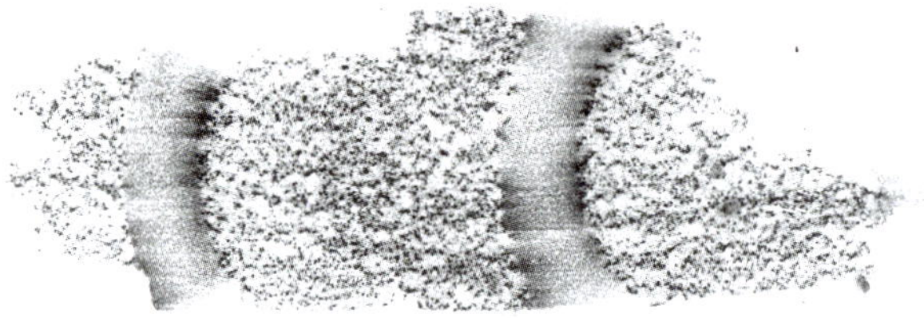

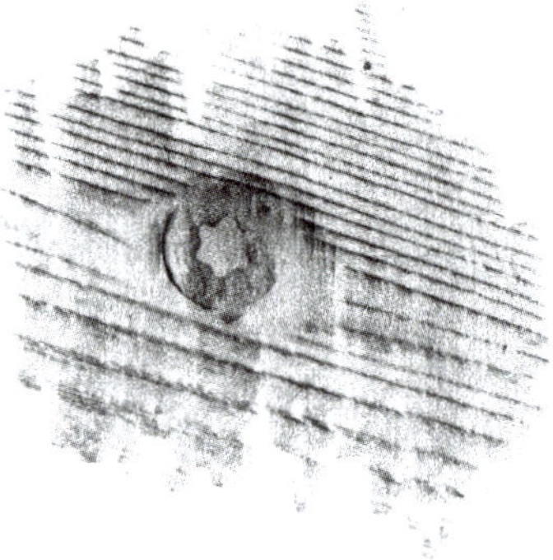

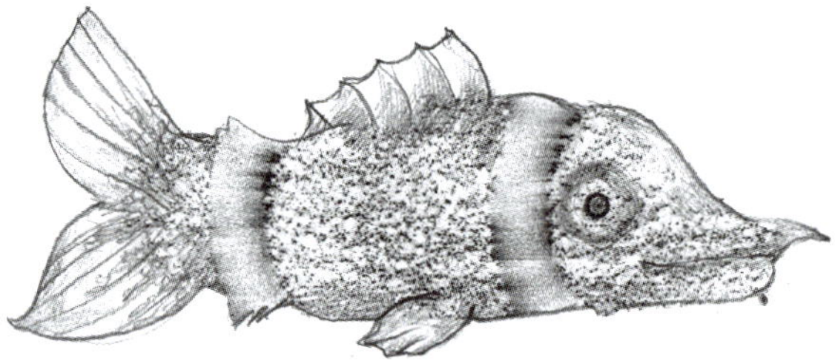

Gestalte aus den hier abgebildeten frottierten Flächen interessante Figuren wie den Vogel und den Fisch.

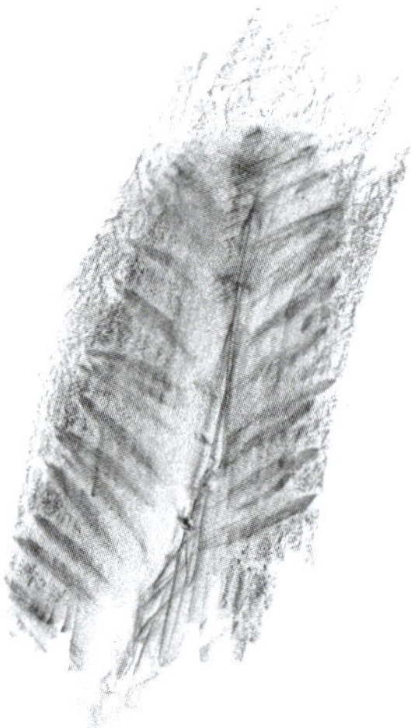

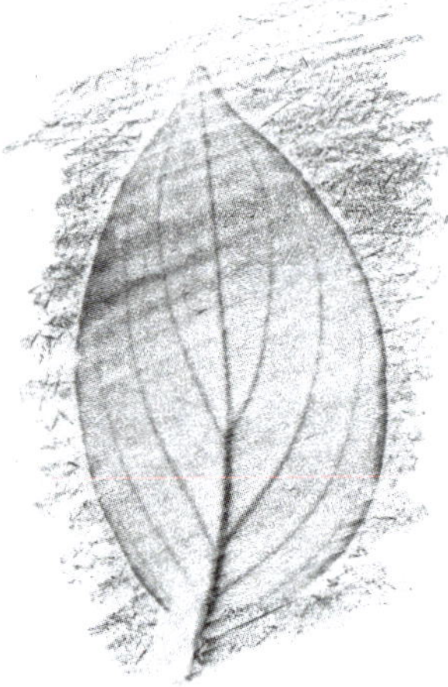

Teste in diesem Feld die Abreibetechnik. Gestalte aus deinen eigenen Strukturen ebenfalls weitere Figuren.

KREISE

Wer einen Kreis freihand sauber zeichnen kann, bekommt am Ende auch fast alle anderen Übungen und Techniken gemeistert. Darüber hinaus eignen sich Kreise sehr gut, um die verschiedensten Techniken zu üben.

Gestalte die Kreise mit Schraffuren, Strukturen oder Schatten.

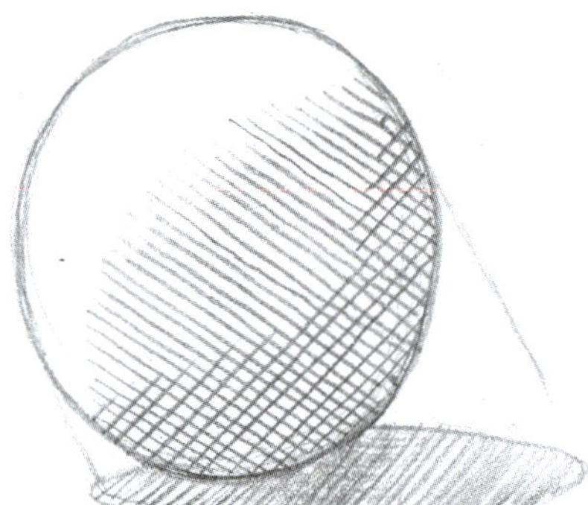

Versuche, in den Zwischenräumen freihand Kreise zu zeichnen, die du dann ebenfalls gestaltest.

PERSPEKTIVE

Perspektive ist ein faszinierendes Thema, da es beim Zeichnen ganz neue, umfassendere zeichnerische Möglichkeiten eröffnet. Es gibt dabei vier grundsätzlich verschiedene perspektivische Darstellungsformen.

Drei-Punkt-Perspektive

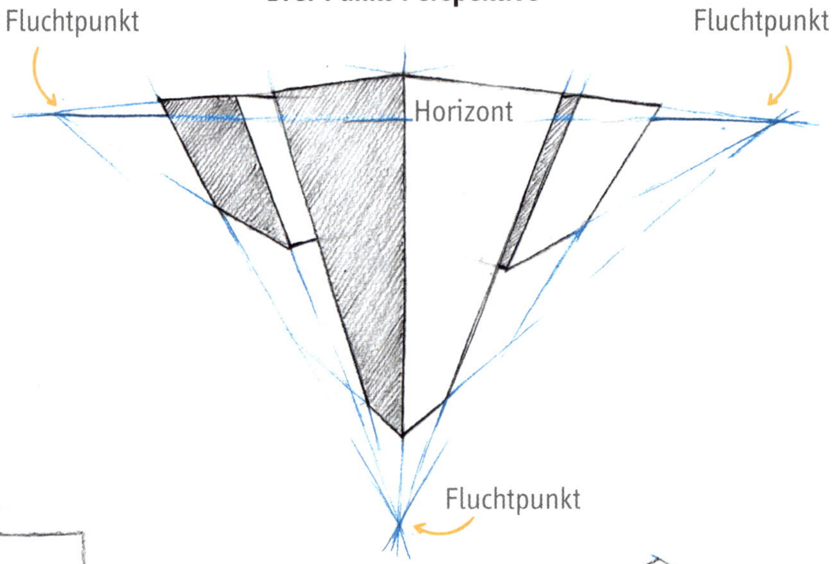

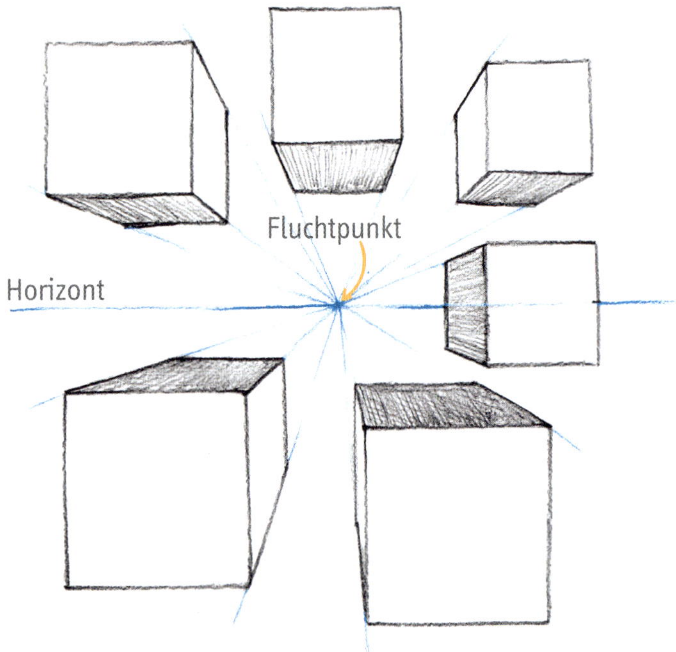

Ein-Punkt-Perspektive

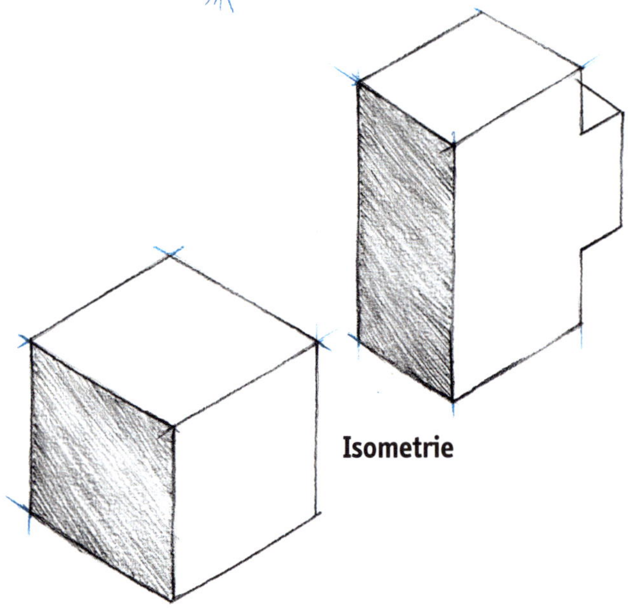

Isometrie

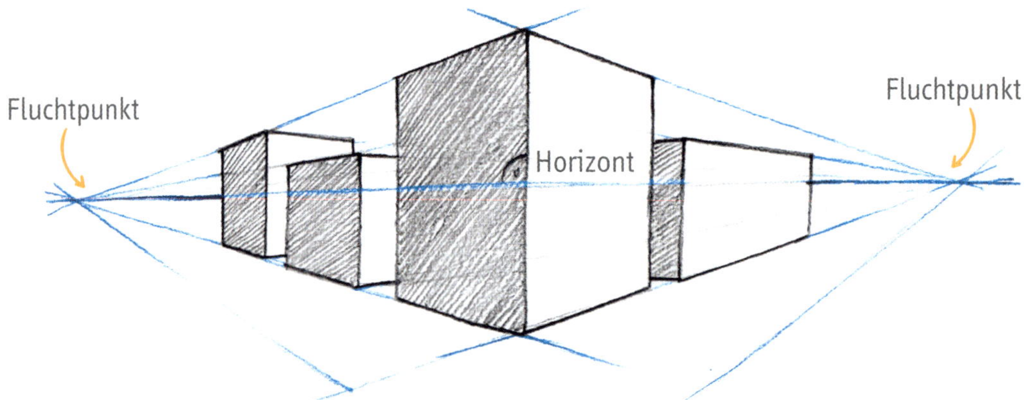

Zwei-Punkt-Perspektive

Zeichne zu den abgebildeten Körpern noch ein paar Elemente hinzu. Als Hilfestellung kannst du die Perspektivlinien farbig nachzeichnen.

Zeichne weitere Motive für die Isometrie und gestalte Körper anhand der vorgegebenen Fluchtpunkte.

HILFSLINIEN

Das Zeichnen von Hilfslinien ist nahezu unabdingbar. Sie dienen dazu, sich bestimmte Sachverhalte vor Augen zu führen und so unnötige Fehler in den Zeichnungen zu vermeiden.

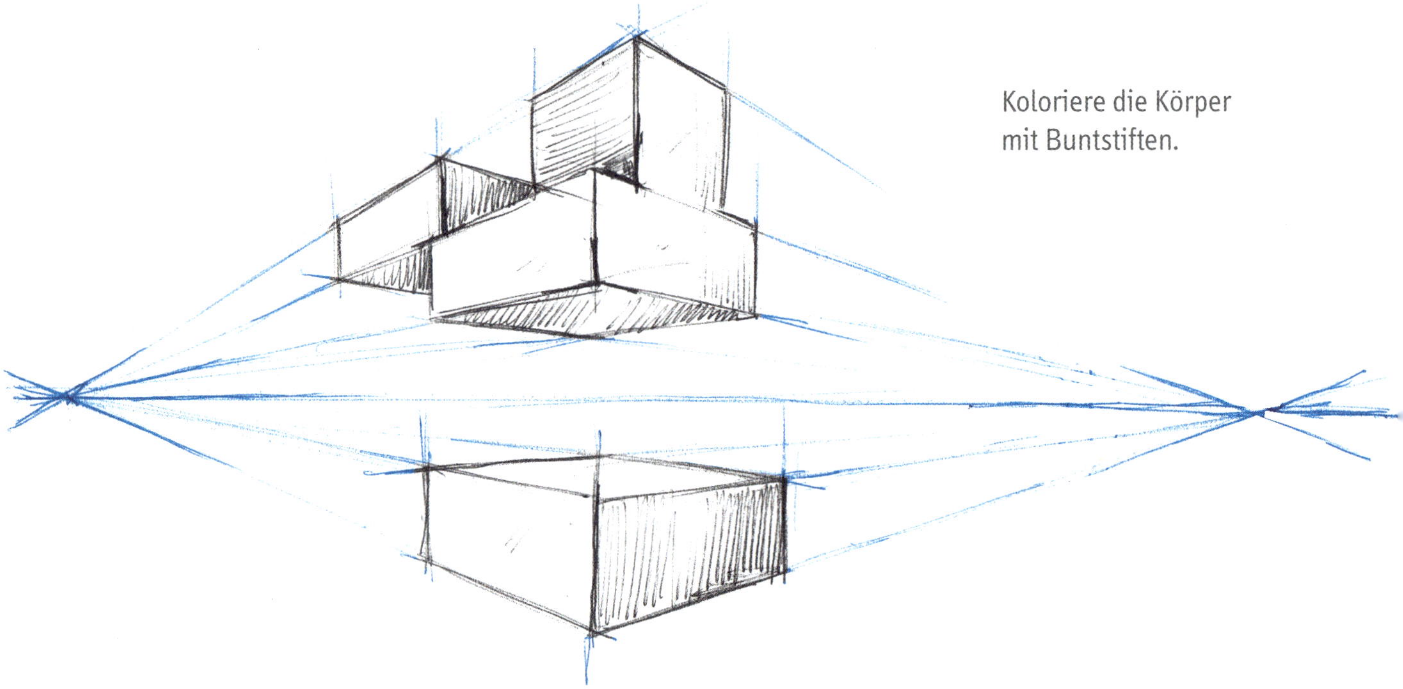

Koloriere die Körper mit Buntstiften.

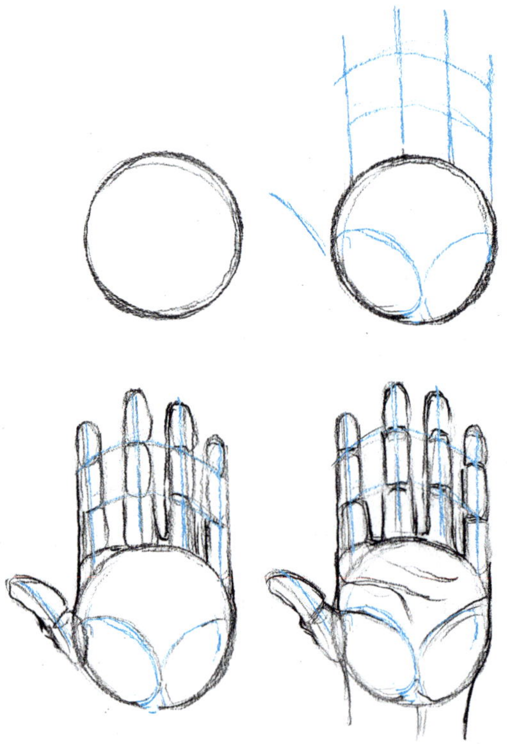

Zeichne die Hand Schritt für Schritt nach.

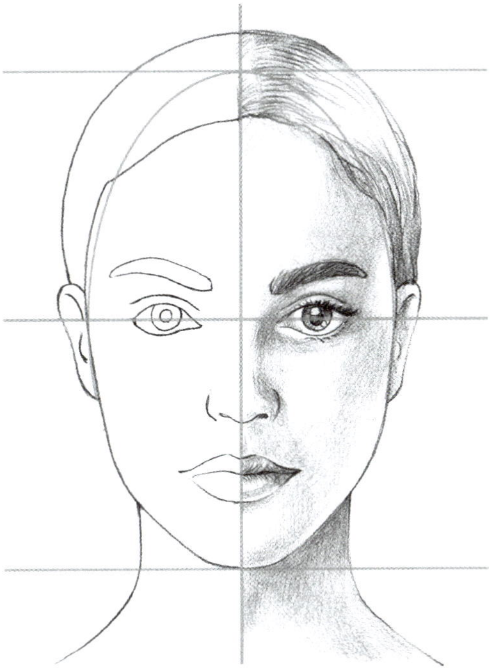

Gestalte die linke Gesichtshälfte.

Arbeite die Vorzeichnung weiter aus.

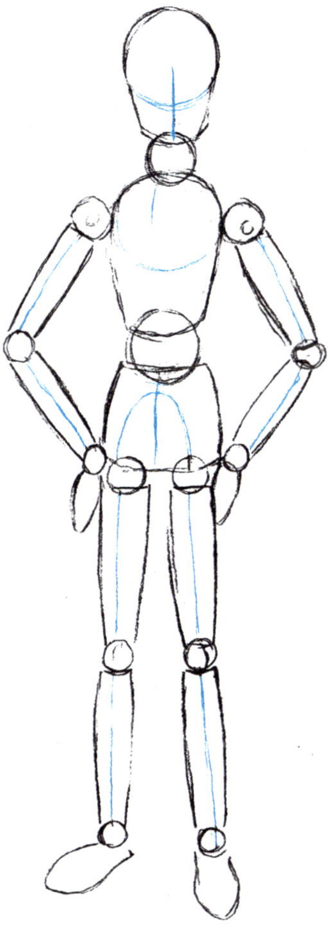

Zeichne die Gliederpuppe nach. Ergänze eine zweite Puppe.

PERSPEKTIVEN

Im Grundkurs wurden die wesentlichen Prinzipien der Perspektive bereits dargestellt. In diesem Kapitel übst du die Anwendung dieser mit konkreten Motiven. Interessant wird es besonders dann, wenn zur Gestaltung die geometrisch perspektivische Genauigkeit eines Motivs außer Kraft gesetzt wird.

ZAUBERWÜRFEL

★☆☆

Fangen wir mit der Isometrie an. Dabei verlaufen sämtliche gegenüberliegende Linien parallel, weshalb sich ein Würfel sehr gut als Motiv zum Üben eignet.

Gestalte den Würfel mit bunten Flächen.

Zeichne den Würfel anhand der Umrisslinien fertig.

ALLEE

★☆☆

Die Allee ist ein Beispiel für eine Ein-Punkt-Perspektive. Da es in der Natur eher selten ganz gerade Linien gibt, kannst du etwas freier gestalten. Trotzdem brauchen wir einen Fluchtpunkt, welcher auf dem Horizont liegt.

Zeichne Steine, Tiere und, wenn du es dir zutraust, sogar Menschen ins Bild.

Arbeite die linke Hälfte des Motivs fertig aus.

Die Konturen des Motivs sind hell vorgegeben.
Gestalte das Bild mit eigenen Ideen weiter.

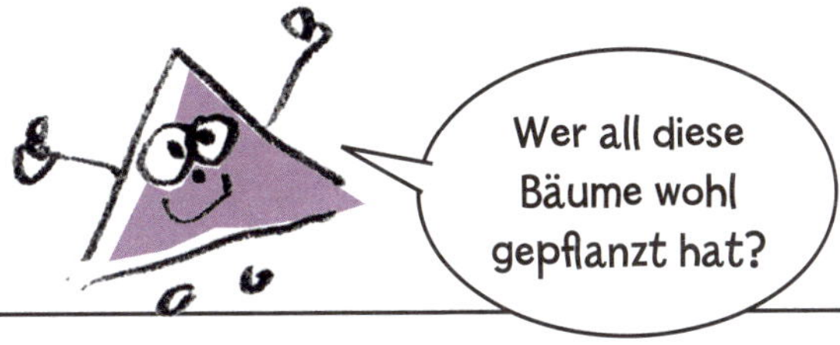

Versuche, hier ein ganz eigenes Motiv in der Ein-Punkt-Perspektive umzusetzen.

NATURSTEINHAUS

★★☆

Das kleine Häuschen ist in der Zwei-Punkt-Perspektive dargestellt. Bei diesem Motiv kannst du die Linien auch freier gestalten, um dem Bild mehr Lebendigkeit und Natürlichkeit zu geben.

Gestalte die Umgebung des kleinen Häuschens nach deinen Vorstellungen.

Zeichne den Vordruck nach und ergänze kleine Bildelemente deiner Wahl. Beachte die Perspektive.

Zeichne von den Umrissen weiter, bis das Häuschen fertig ist.

SCHRIFTZUG

★★☆

Perspektive lässt sich je nach Motiv auch abgewandelt oder freier anwenden. Bei dem Schriftzug handelt es sich um eine Ein-Punkt-Perspektive, jedoch ohne Bezug zu einem Horizont. Die Ecken der Buchstaben wurden auf einen eigenständigen Punkt gefluchtet.

Arbeite das Motiv noch weiter aus, indem du Kreise, Sterne oder auch Herzen hinzufügst.

Fülle die Buchstaben und Formen mit Mustern deiner Wahl.

Gestalte deinen eigenen Namen. Zeichne erst die Buchstaben und verbinde sie dann mit dem Fluchtpunkt.

LICHT UND SCHATTEN

Licht und Schatten ist eines der Themen, welches Künstler seit Jahrhunderten beschäftigt. Über Licht und Schatten lassen sich Stimmungen, Gefühle, Handlungen und Naturereignisse effektvoll in Szene setzen.

HALBPROFIL IM LICHT

★★☆

Um einen Gegenstand, einen Menschen oder auch etwas anderes im richtigen Licht zu zeichnen, ist vor allem eines wichtig: Man muss wissen, woher das Licht überhaupt kommt.

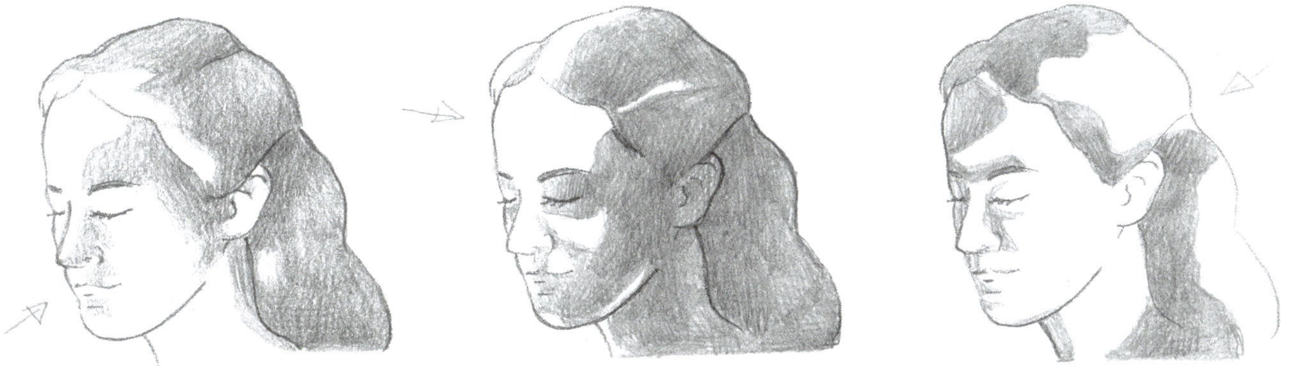

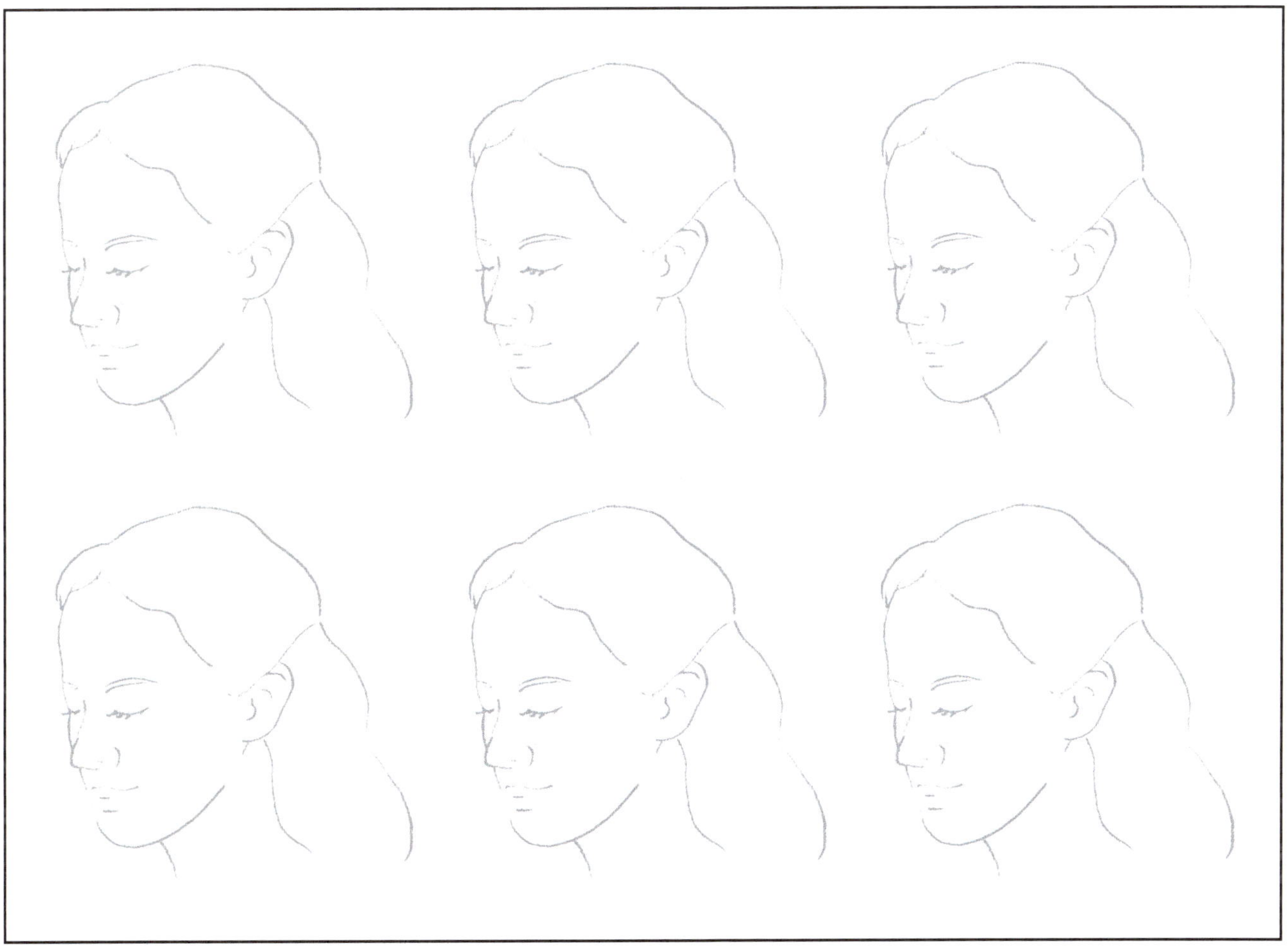

Zeichne zu jedem Kopf einen Pfeil für den Lichteinfall. Arbeite dann die Schatten aus.

FRONTAL IM LICHT

★★☆

Hier ein zweites Motiv mit fast derselben Technik. Diesmal handelt es sich um den Kopf eines Mannes, der direkt von vorne abgebildet ist und die Lichteffekte sind noch spezieller und vielschichtiger.

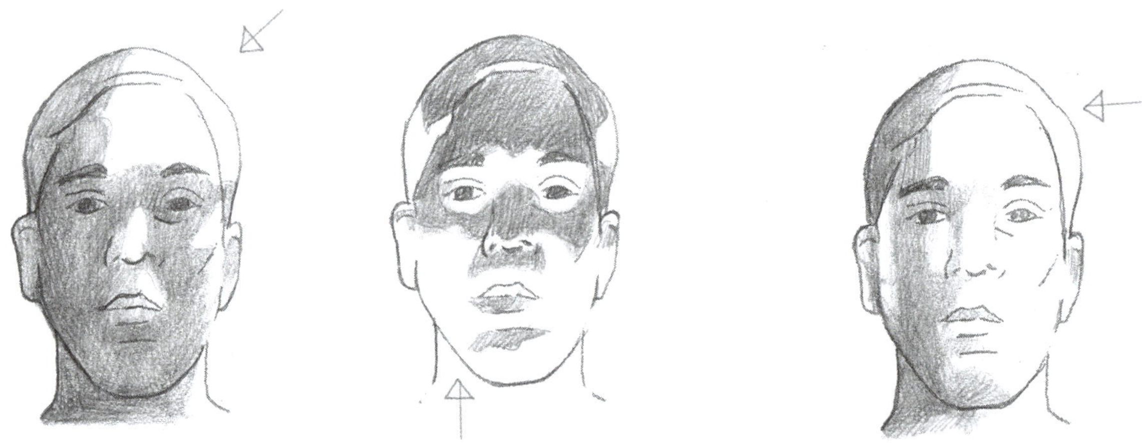

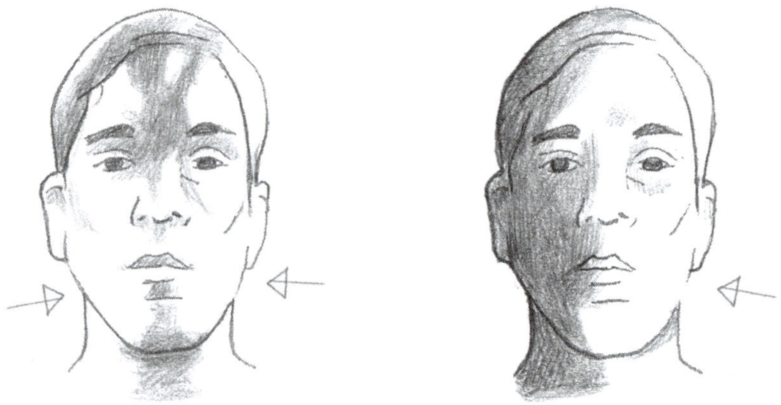

Gestalte diese Köpfe mit Buntstiften farbig. Suche dabei im Kontrast zur Hautfarbe ein passende Schattenfarbe aus.

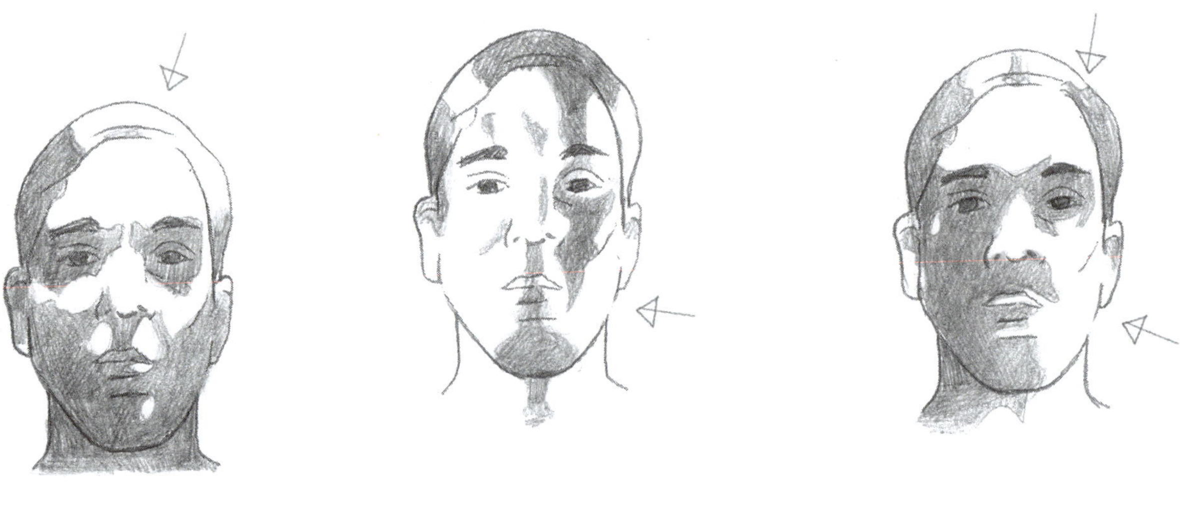

Zeichne in die kleinen Felder denselben Ausschnitt mit Schatten.

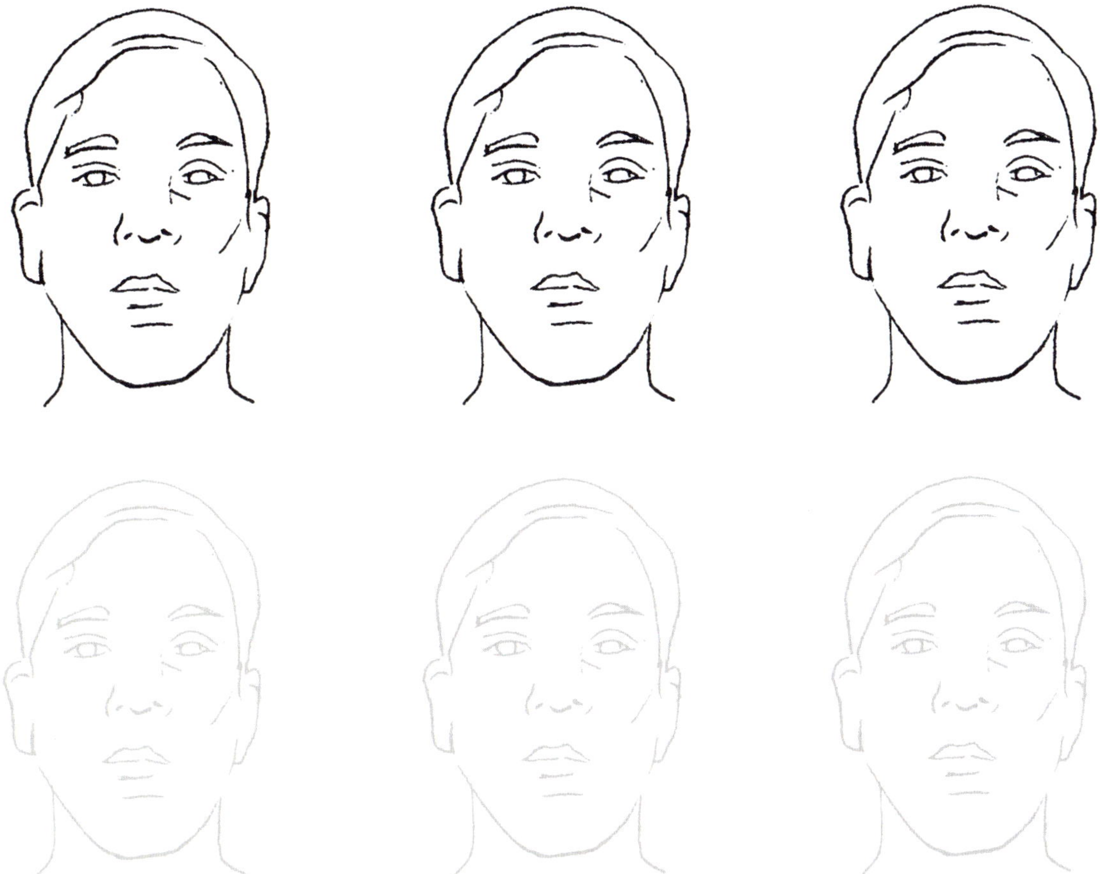

Zeichne unten die Umrisse von drei weiteren Köpfen. Gestalte die Schatten für alle neun Köpfe.

HALBSCHATTEN

★★★

Wenden wir die Technik der vorherigen drei Seiten auf ein einziges Motiv an. Das Porträt einer Frau bekommt durch den speziellen Licht-Schatten-Effekt seinen besonderen Ausdruck.

Gestalte das Gesicht und den Hintergrund mit Schatten fertig aus.

Zeichne zur Übung die zweite Gesichtshälfte hinzu. Lege eine Lichtquelle fest und ergänze die Schatten.

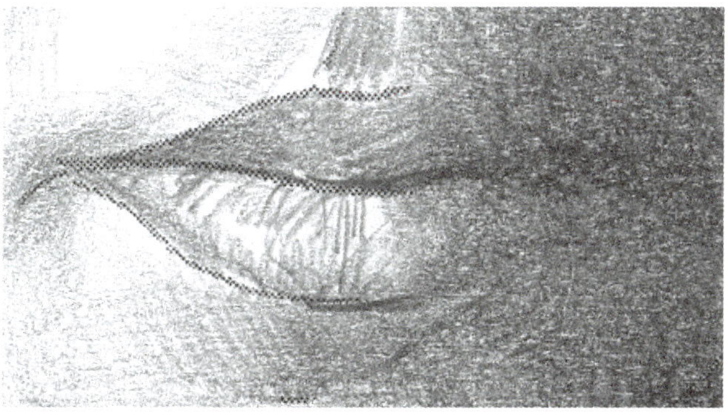

Übe das Zeichnen des Munds.

SILHOUETTE

★★☆

Der Durchgang oder der Tunnel, durch den die Leute laufen, ist zwar nicht wirklich sichtbar, dennoch lässt sich anhand des Verlaufs der Schatten eine Lichtquelle bestimmen.

Zeichne den drei Menschen noch ein bis zwei Hunde inklusive Schatten dazu.

Gestalte das Motiv anhand der Konturen fertig.

Hier kannst du zwei andere Schattensituation ausprobieren. Überlege dir jeweils zuerst, wo die Lichtquelle ist.

IM WALD

★★☆

Im Gegensatz zu den bisherigen Motiven zum Thema Licht und Schatten, ist bei diesem Bild keine eindeutige Lichtquelle festzulegen. Die dunklen Bäume heben sich von der hellen Atmosphäre einer Lichtung oder des Waldrands ab.

Gestalte die Konturen entsprechend der Endversion unten fertig.

Die Bäume sind bereits schraffiert. Zeichne das Blattwerk oben ein.

Ergänze ein paar kleine Waldtiere zwischen den dunklen Bäumen.

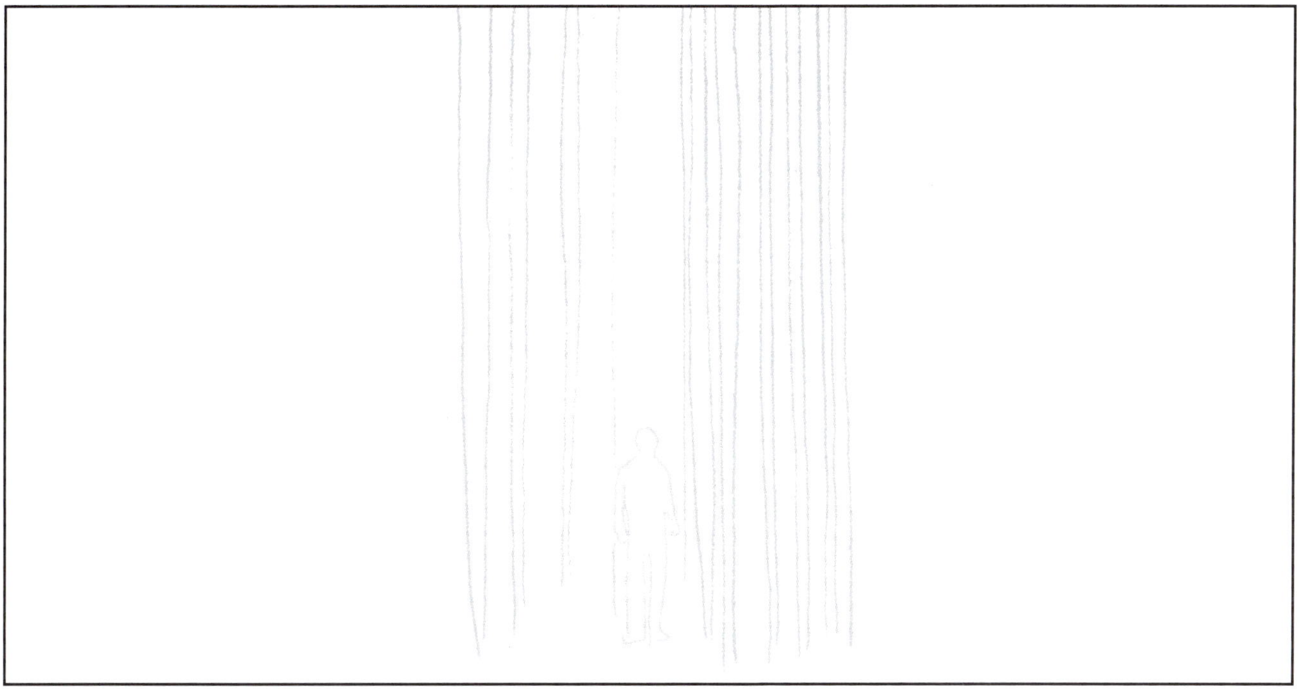

Ein Teil der Konturen ist hell vorgedruckt. Zeichne das Motiv fertig und ergänze dabei die fehlenden Bildbereiche.

Gestalte das Motiv, indem du den Vordruck nachzeichnest.

GLANZ UND SURREALISMUS

In diesem Kapitel werden zwei Themenbereiche zusammengefasst: Das zeichnerische Gestalten von Glanzeffekten und magische Bilder aus dem Kunstgenre des Surrealismus, bei denen Licht, Schatten und Glanz ebenfalls eine Rolle spielen.

HIMMELSMEER

★☆☆

Das faszinierende Bild mit den Walen im Himmel ist ein gutes Beispiel für eine surreale Traumwelt. Technisch kombiniert es hohe Kontraste und einen starken Glanz auf dem Wasser.

Wasser und Boot sind bereits vorhanden. Zeichne dazu die Berge und die schwebenden Wale.

SCHLÜSSEL

★☆☆

Glänzende Flächen werden weiß oder sehr hell dargestellt und von den angrenzenden Flächen deutlich unterschieden. Der metallische Glanz des Schlüssels zeigt das sehr deutlich.

Übertrage von oben die Konturen des Schlüssels und daneben das fertige Motiv.

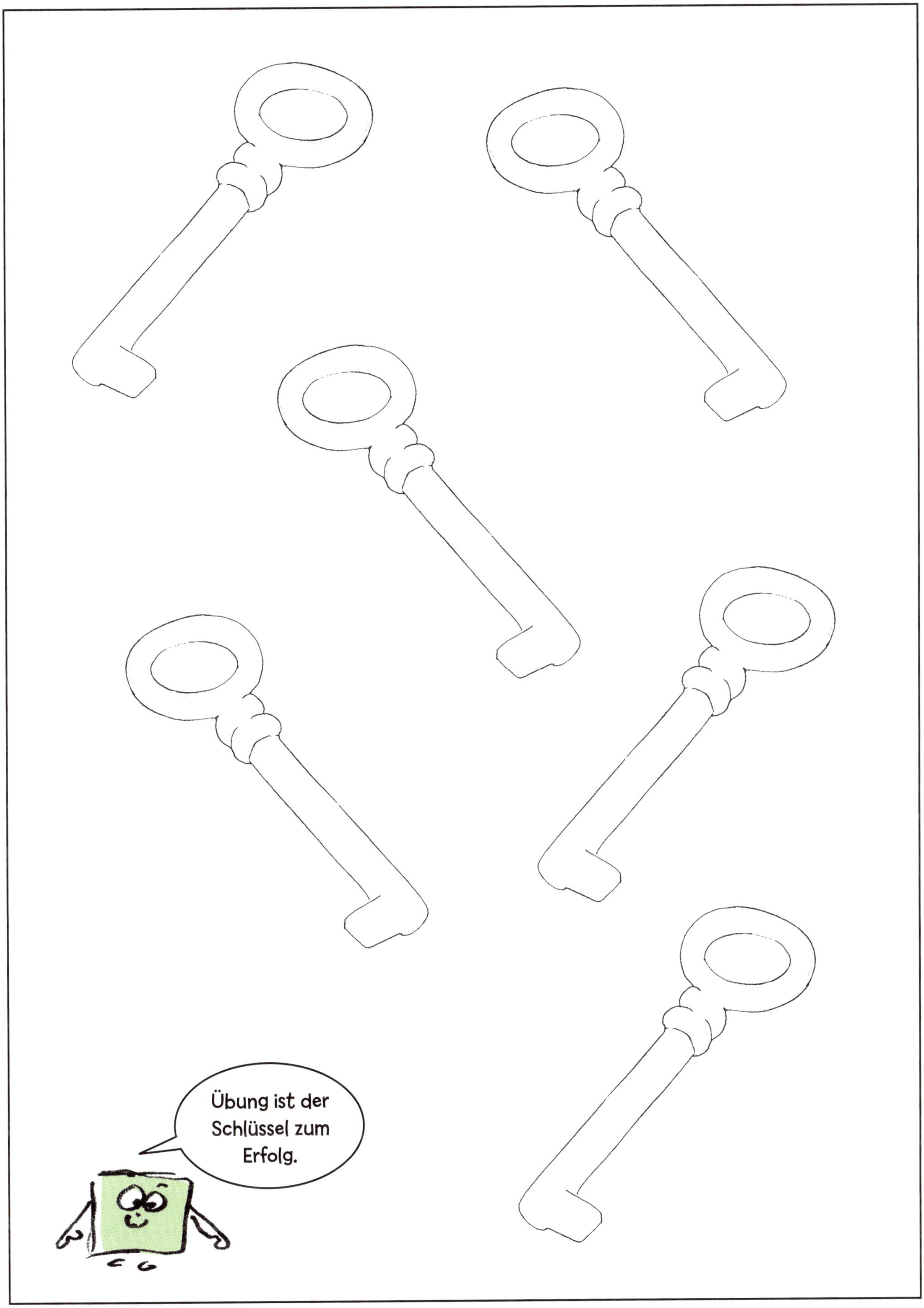

Versuche, die sechs Schlüssel alle mit unterschiedlichem Licht, Glanz und Schatten zu gestalten.

AUGENBLICK

★★☆

Die Augen können dir viel über die Stimmung eines Menschen verraten. Deshalb sind sie auch ein faszinierendes Zeichenmotiv. Bei der näheren Gestaltung geht es um winzige Details.

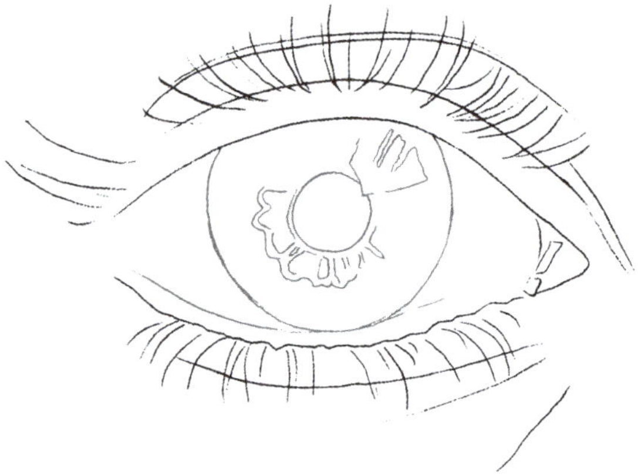

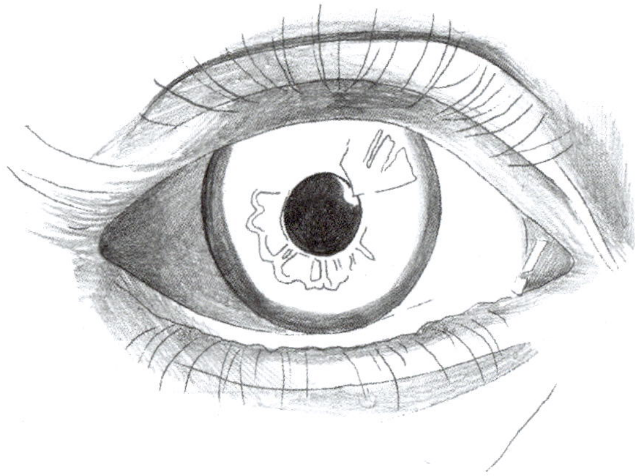

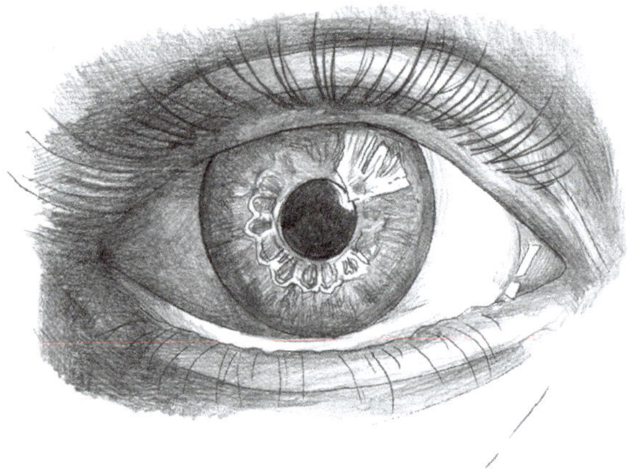

Zeichne das Auge Schritt für Schritt nach.

Ein Auge ist fertig abgebildet. Vollende das zweite Auge und ergänze weitere Teile des Gesichts.

BROMBEERKIRSCHE

★★☆

Die Brombeerkirsche scheint einer surrealen Welt zu entstammen. Ob es in der Zukunft wohl solche ungewöhnlichen, glänzenden Mischfrüchte geben wird?

Ergänze einen dritten Stiel in der Mitte mit einer weiteren Frucht.

Übe in dieser Fläche das Zeichnen der Brombeere.

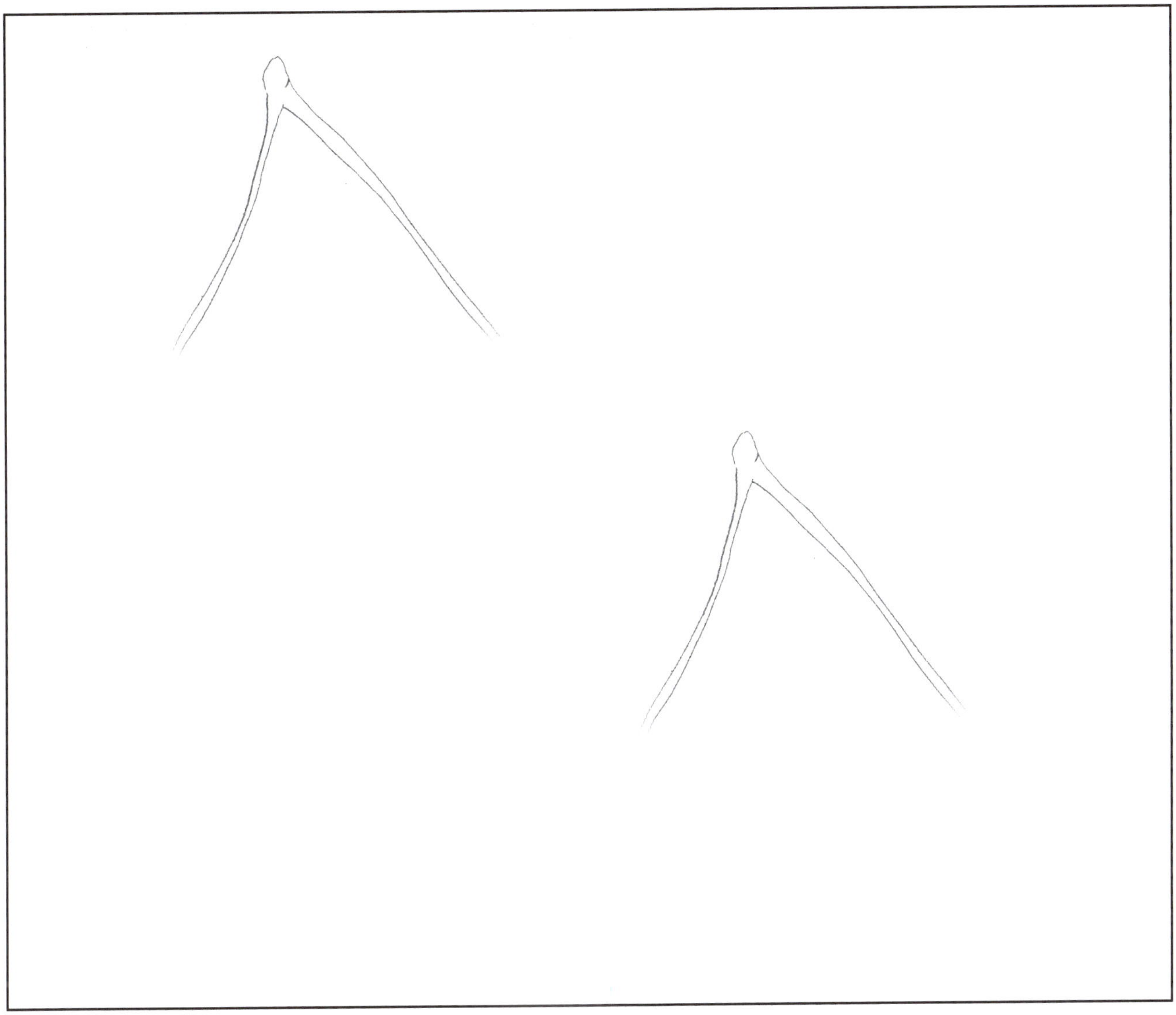

Gestalte die Stiele links und rechts mit unterschiedlichen kleinen Früchten.

Zeichne die fehlende Brombeere auf der rechten Seite.

FLIEGENDER ELEFANT

★★★

Dieses Motiv ist der letzte Ausflug in die Welt des Surrealismus. Zeichentechnisch wirkt das Bild am besten, wenn es so real wie möglich erscheint, das heißt die Schraffuren und Linien ganz fein angelegt sind.

Arbeite den Hintergrund weiter aus. Wer könnte neben dem Elefanten noch durch die Lüfte fliegen?

Die Konturen sind hell vorgedruckt. Gestalte eine zweite Version des fliegenden Elefanten.

FLÄCHEN, MUSTER UND EFFEKTE

In diesem Kapitel geht es um Gestaltungen mit einem hohen Wirkungsgrad, sowohl vom Motiv als auch vom Effekt her, welcher durch die Zeichentechniken erzeugt wird. Manche der Motive grenzen an optische Illusionen.

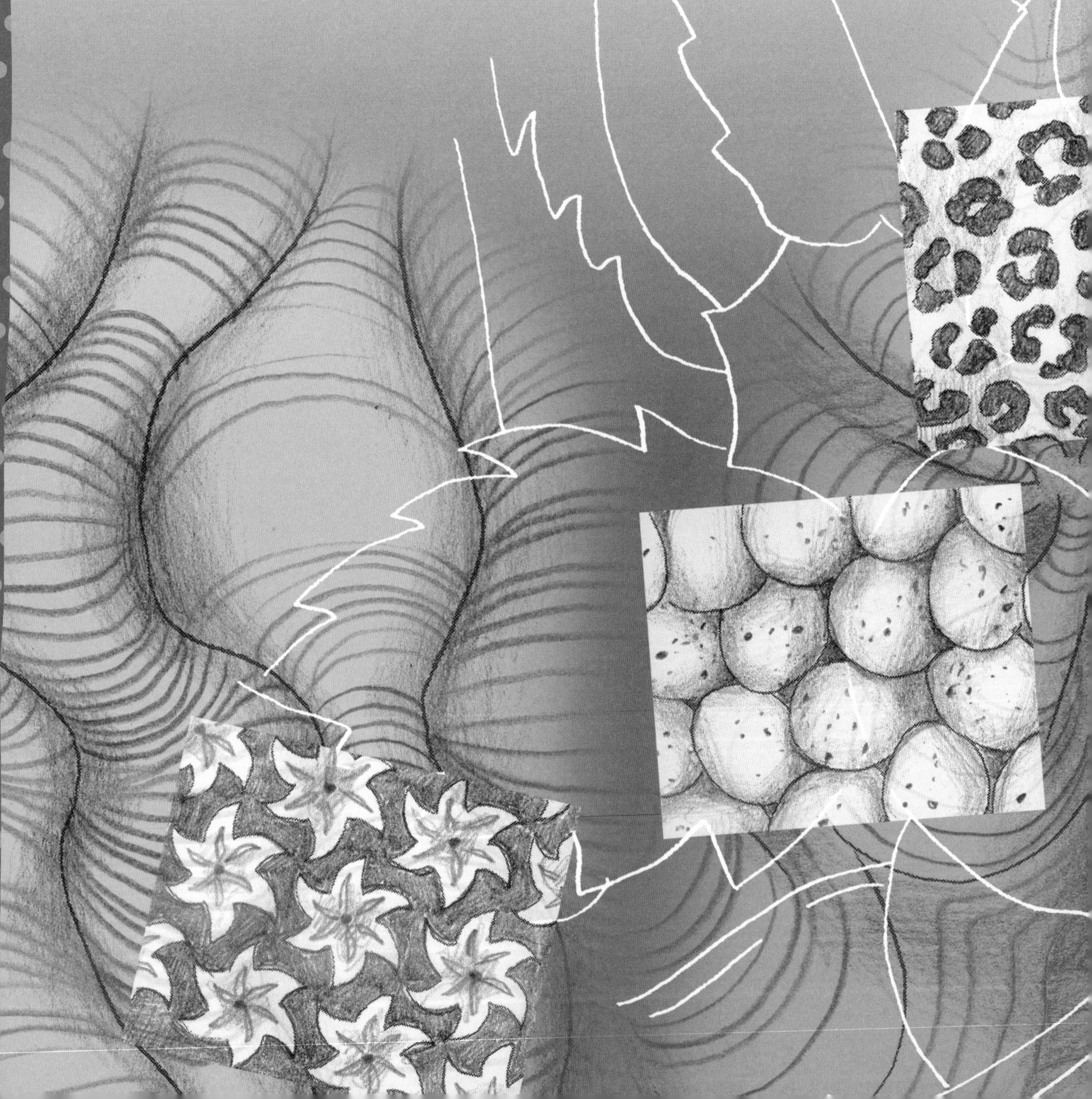

MUSTERTEPPICH

★★☆

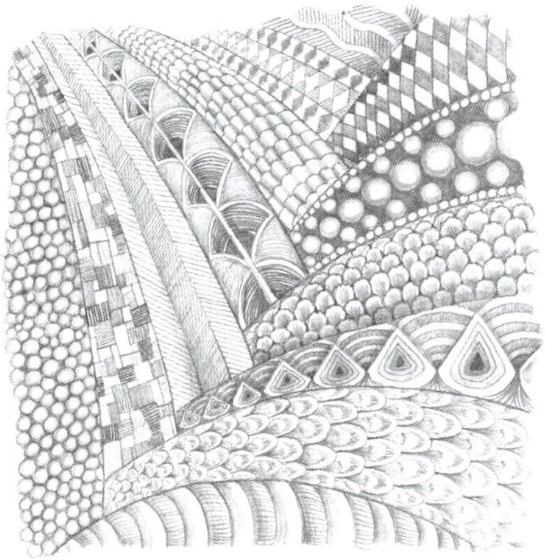

Am Anfang dieses Kapitels steht ein Motiv, bei dem einige der wichtigsten Themen des Grundkurses in einem Bild zusammengefasst sind: Es geht um Strukturen, Muster, Flächen und auch wenig um das Thema Perspektive.

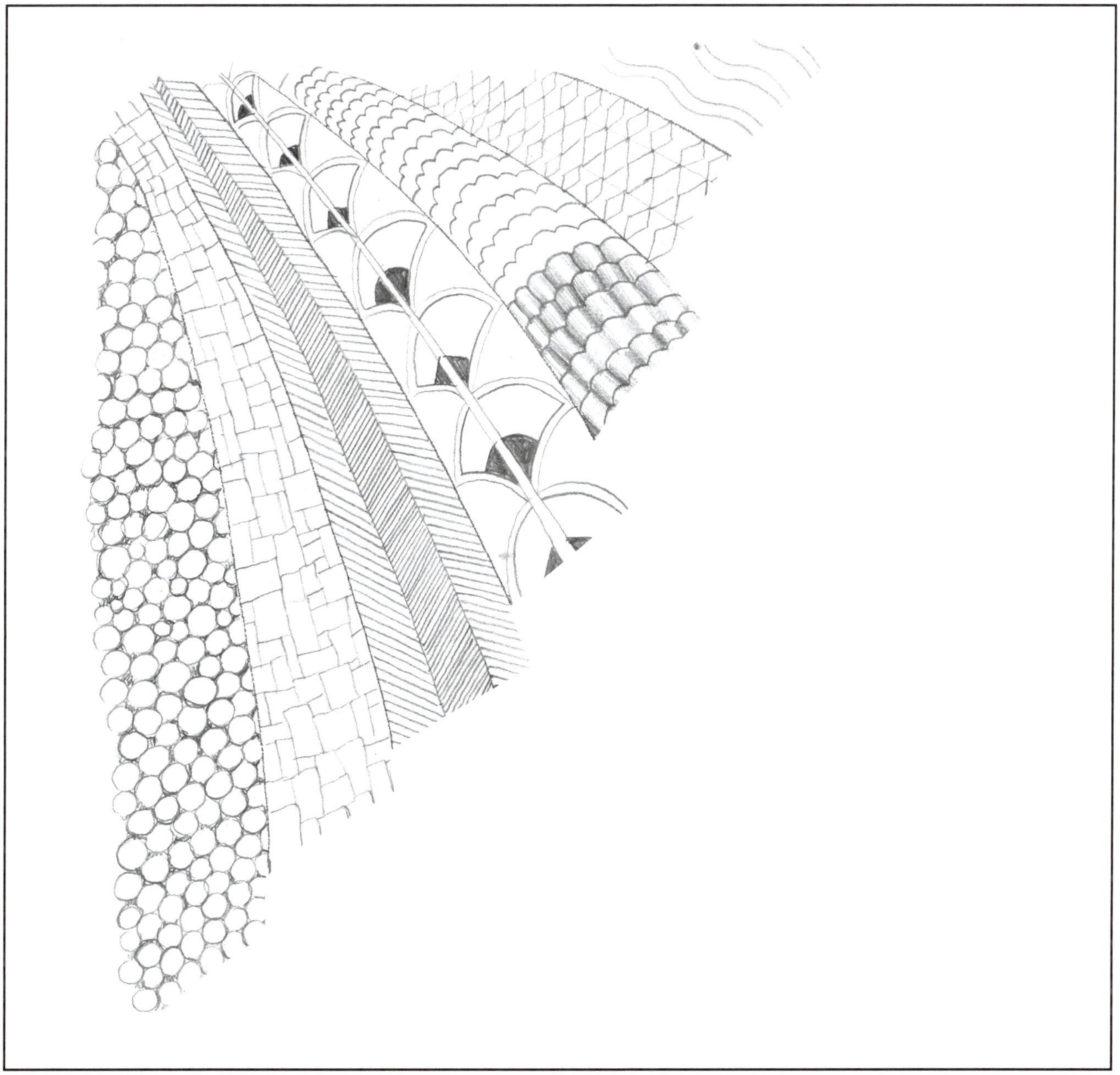

Ein paar Muster sind schon vorgegeben. Zeichne die linke Seite fertig und ergänze die rechte Seite.

PATCHWORK

★☆☆

Dieses Motiv zeigt neun Strukturen, welche reale Oberflächen darstellen. Die Strukturen sind in Form eines Patchworks zu einem Gesamtbild zusammengefasst.

Erweitere die Flächen, bis sie dicht an dicht aneinander liegen, wie bei einer Patchworkdecke.

Arbeite die Konturen der drei Reihen mit Schraffuren aus. Gestalte noch eine vierte Reihe mit eigenen Strukturen.

WELLEN

★★☆

Dieses Motiv gehört in die Kategorie der optischen Täuschungen. Die Wellen, welche sich aus dem Papier zu wölben scheinen, wirken geradezu greifbar nah.

Hier ist noch Platz für ein paar weitere Wellen, die du an das fertige Bild anschließen kannst.

Auf dieser Seite sind nur erste Linien vorgegeben. Denk dir eine eigene Gestaltung mit Formlinien aus.

STRUDEL

★★☆

Bei diesem Bild wird die gleiche Technik angewandt wie bei dem Wellenmotiv, nur sind die Ausgangsformen anders und etwas komplexer. Aus blütenähnlichen Formen entstehen dichte Strudel.

Gestalte die Zeichnung mit Formlinien und Schraffuren aus. Orientiere dich dabei am fertigen Motiv.

Zeichne das hier im ersten Schritt abgebildete Motiv fertig.

Hier kannst du dein ganz eigenes Motiv in dieser Technik zeichnen.

IM UNTERHOLZ

★★☆

Das Bild zeigt mehrere unterschiedliche Blattformen, dazu Zweige, Formen, die an Beeren erinnern, und dazwischen noch Spinnennetze. Es ist eine freie künstlerische Interpretation eines Herbstmotivs.

Gestalte das Motiv mit Buntstiften farbig.

Versuche, mithilfe der Konturen deine eigene Version des Motivs zu gestalten.

Übertrage das Spinnennetz in die leere Fläche.

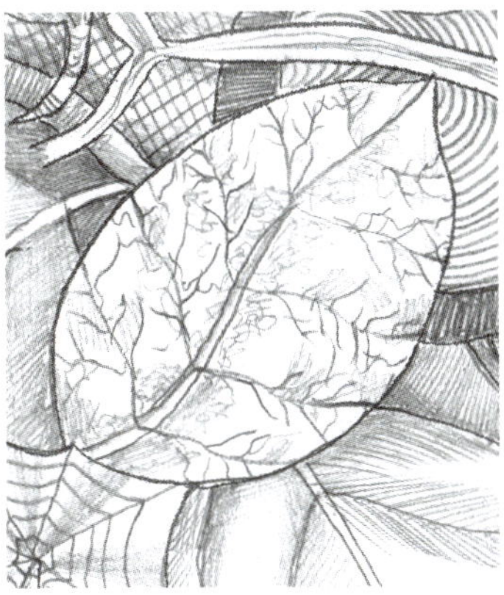

Zeichne das Blatt mit Hintergrund nach.

ABSTRAKT

★★☆

Was ist hier zu sehen? Interessant sieht dieses Motiv auf alle Fälle aus. Die strahlenförmig nach außen ausgerichteten Linien sind außerdem eine neue technische Gestaltungsvariante.

Gestalte die Abbildung weiter, indem du jede Fläche in diesem Stil füllst.

Verbinde die beiden Ausschnitte. Beginne mit den Konturen und ergänze dann die Schraffuren.

TECHNIKEN SPEZIAL

Es gibt unterschiedliche Möglichkeiten, sich dem Thema Zeichentechniken zu nähern. Nach den kontrollierten, eher klassischen Themen sind in diesem Kapitel spontane, kreative und spielerische Gestaltungsideen zusammengefasst.

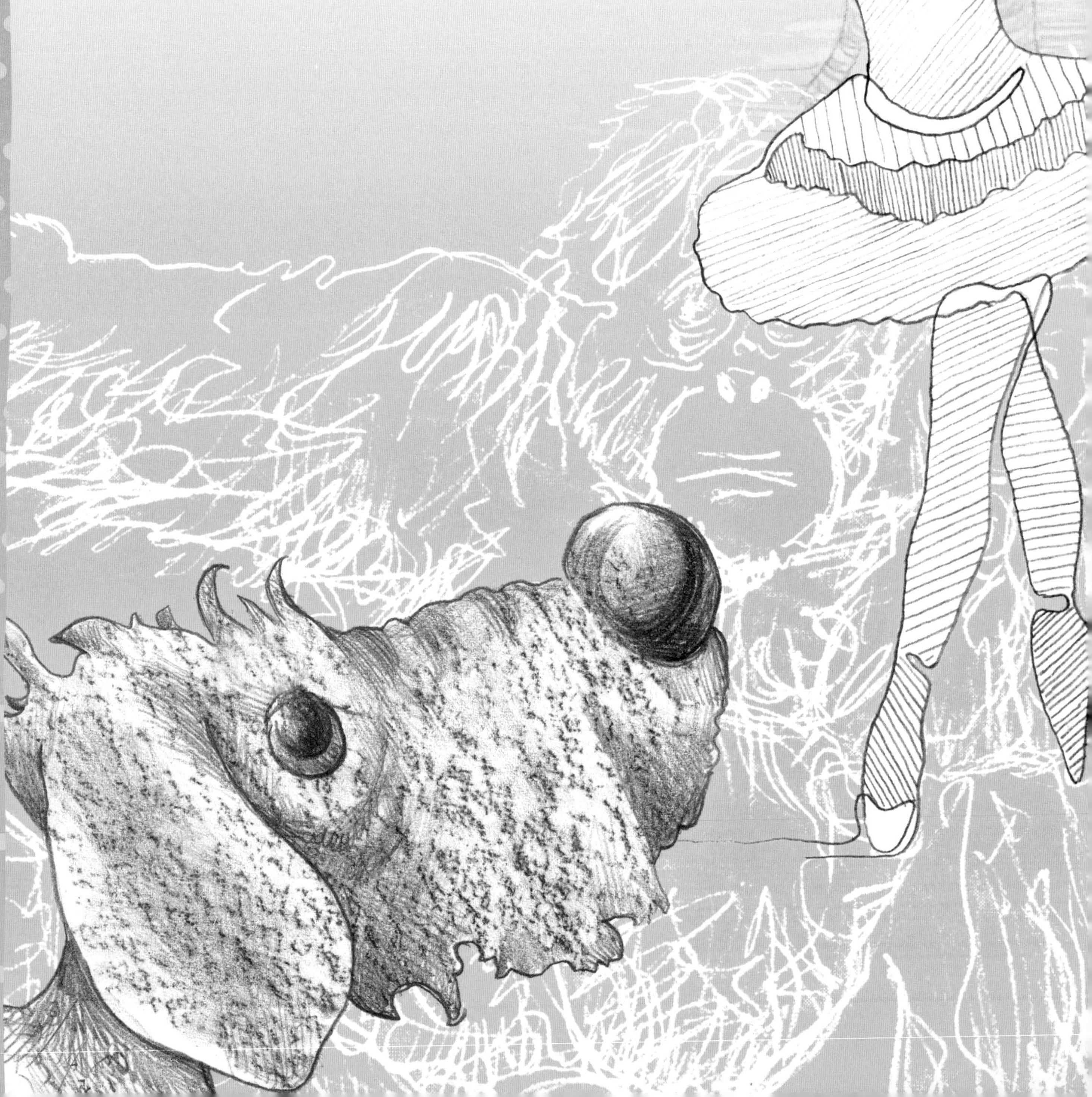

SCHNELLES SKIZZIEREN

★★☆

Skizzen können mit unterschiedlichen Techniken und Stilen dargestellt werden. Bei dem Motiv der Orang-Utan-Mama mit ihrem Baby geht es um das schnelle Erfassen der Tiere in ihrer Position.

Skizziere einen Hintergrund für die Affen.

Übe das Zeichnen der beiden Gesichter.

BILDHAFTES SKIZZIEREN

★★☆

Der Übergang von einer Skizze zu einem fertigen Bild in Form einer detailliert ausgearbeiteten Zeichnung ist fließend. Je weiter man eine Skizze ausgestaltet, umso mehr wird es ein richtiges Bild.

Zeichne das Kätzchen anhand der Umrisslinien vollends fertig.

Nach was schaut die Katze?
Gestalte den Hintergrund mit
einem Spielzeug.

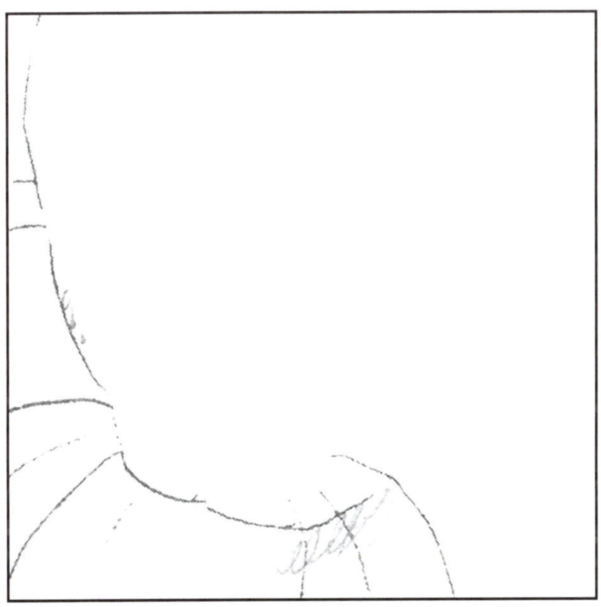

Links wurde das Gesicht mit kurzen Strichen
gestaltet. Probiere diese Technik selbst.

KREATIVES SKIZZIEREN

★★☆

Bei diesem Motiv wurden freien Schraffuren verwendet. Sie sind nicht durch die Konturen des Motivs abgegrenzt, sondern laufen in einem dichten Geflecht über die Konturen hinweg.

Fülle die Fläche bis zum Rand mit Liniengeflechten.

Übe die Technik, indem du die beiden Zwischenschritte fertig ausarbeitest.

STUDIEN

★★★

Skizzen lassen sich nicht nur für kurze Momentaufnahmen oder kreative Techniken einsetzen, sie eignen sich auch sehr gut für Bewegungsstudien. Der schelle, spontane Strich passt perfekt zum Thema Bewegung.

Gestalte Kleidung für die sportlichen Figuren auf dieser Seite.

Zeichne die drei hellen Figuren nach und fülle die freie Fläche mit deinen eigenen Studien.

GALOPP

★★☆

Führen wir das Thema Bewegung weiter aus und zeichnen das Bild eines Pferdes im Galopp. Um die Dynamik der Bewegung gut rüberzubringen, bedarf es einer besonderen Zeichentechnik, welche hier dargestellt ist.

Skizziere einen Wald im Hintergrund des Pferds.

Hier hast du zweimal die Gelegenheit, das Pferd zu zeichnen. Versuche dabei verschiedene Stilvarianten.

SPRINT

★★☆

Im Gegensatz zu dem Pferd, bei dem die Linien frei und wild den Köper beschrieben haben, sind bei dem Läufer die Linien ganz gerade und ausschließlich in die Bewegungsrichtung ausgerichtet.

Gestalte den zweiten Läufer im Hintergrund. Orientiere dich an der fertigen Zeichnung.

Verlängere die Schraffuren des Körpers gerade nach links als Speedlines.

Zeichne die Speedlines schräg nach unten ein.

Arbeite die Konturen des Läufers mit unterschiedlichen Schraffuren aus.

FROTTAGE

HUND

★★☆

Ein Ziel der Abreibetechnik ist, Strukturen und Oberflächen mit wenig Aufwand auf Papier zu übertragen. Daraus lassen sich dann im weiteren Ablauf Figuren, Gegenstände oder Landschaften entwickeln.

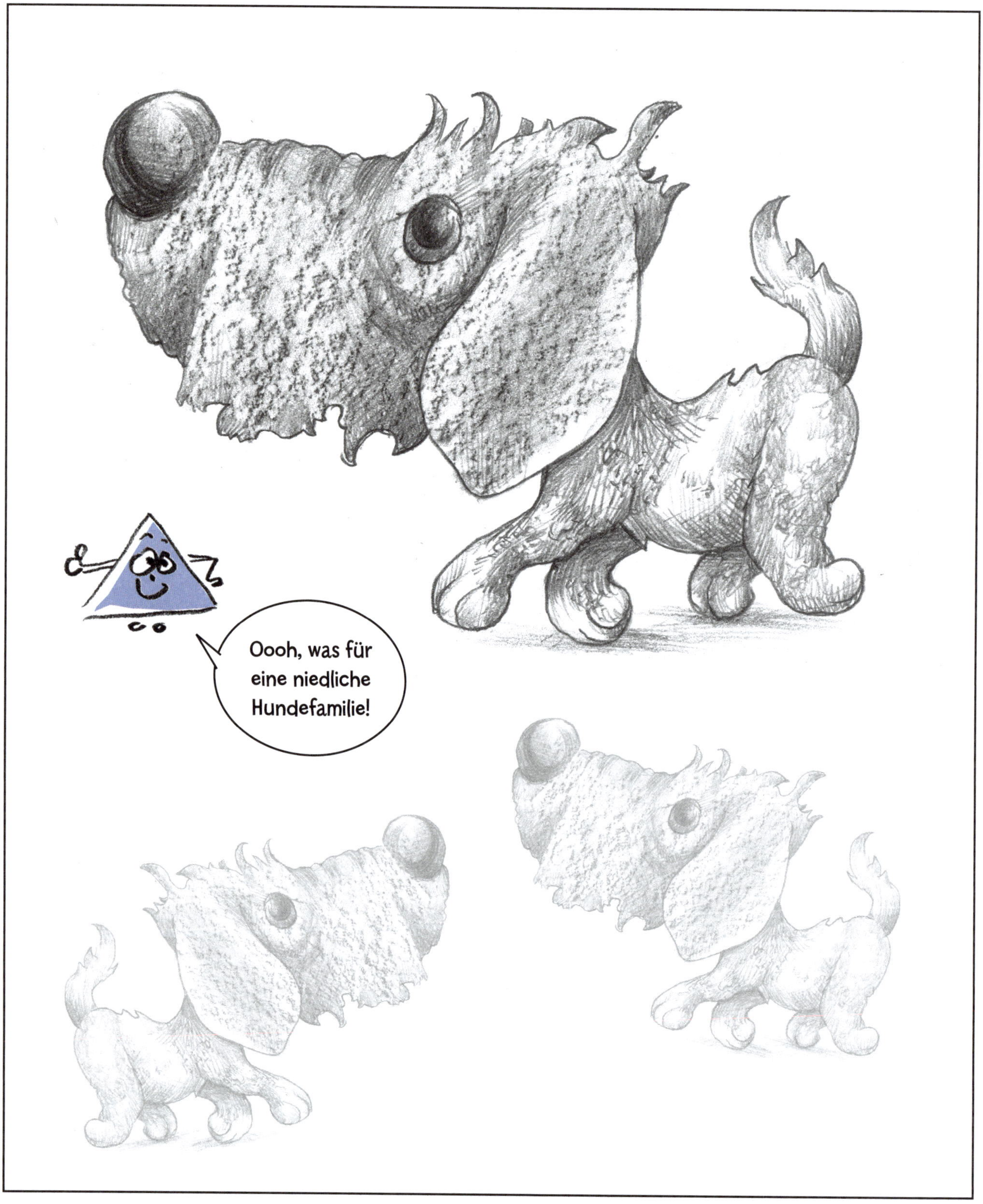

Zeichnen einen Hintergrund und gestalte die zwei Welpen nach dem Vorbild des fertigen Hundes.

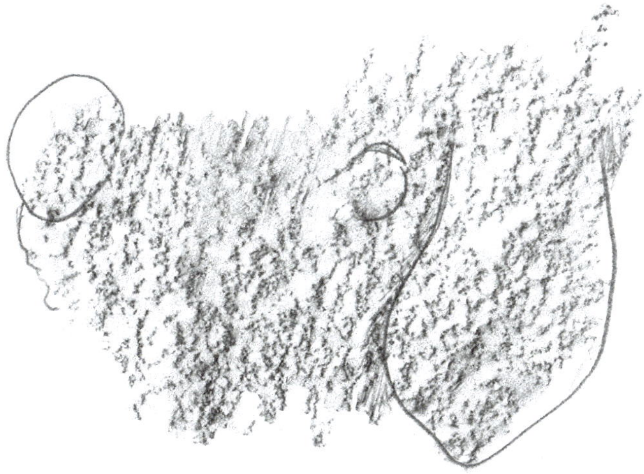

Zeichne den Kopf fertig und gestalte auch den Körper dazu.

Gestalte auf Basis der Struktur dein eigenes Fantasiewesen.

BALLERINA

★★☆

Widmen wir uns einer weiteren ungewöhnlichen Gestaltungsvariante: der sogenannten One-Line-Technik. Wie im Grundkurs gezeigt, wird dabei das zu zeichnende Motiv mithilfe nur einer einzigen zusammenhängenden Linie dargestellt.

Gestalte die Ballerina auf der linken Seite ebenfalls mit Schraffuren.

Zeichne die Linie nach,
ohne den Stift abzusetzen.

Setze die Linie fort,
um das Motiv fertig
zu zeichnen.

Übertrage den Ausschnitt des Motivs in diese Fläche.

ONE LINE

FUSSBALLER

★★★

Die Szene mit den zwei Fußballern ist ein komplexeres One-Line-Motiv. Wenn du ein solches Motiv auswählst, dann mach dir vorab eine grobe Skizze deiner Linie.

Zeichne die Linie in einem Stück nach. Versuche dann, weitere One-Line-Elemente zu ergänzen.

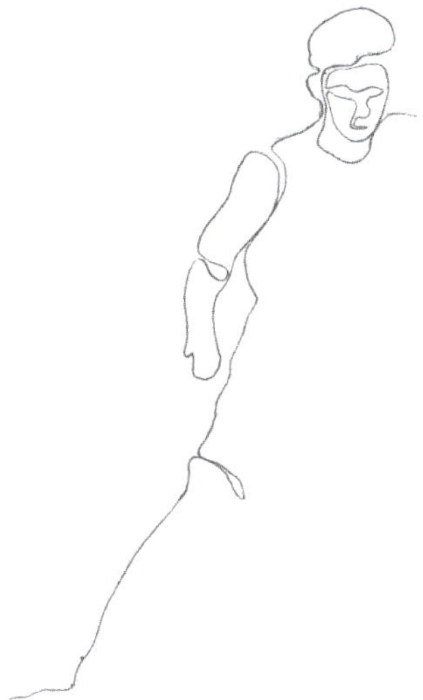

Übe das Zeichnen der Fußballer Schritt für Schritt.

PORTRÄT

★★☆

Ganz zum Schluss noch eine besondere Gestaltungsvariante: Das Frauengesicht wurde mithilfe vieler kleiner Punkte - Dots - gestaltet, darum nennt man die Technik auch Dotwork.

Übe die Technik, indem du einen gemusterten Hintergrund gestaltest.

Arbeite die beiden Zwischenschritte des Motivs fertig aus.

Zeichne die Konturen des Gesichts nach und gestalte deine Variante des Dot-work-Motivs.

BUCHEMPFEHLUNGEN FÜR DICH

Hast du Lust auf noch mehr tolle Bücher?

ISBN 978-3-7358-9131-0

ISBN 978-3-7358-9054-2

ISBN 978-3-7358-9055-9

ISBN 978-3-7358-9007-8

978-3-7724-4394-7

ISBN 978-3-7358-9008-5

978-3-7358-9056-6

ISBN 978-3-7724-7188-9

ISBN 978-3-7358-9066-5

ISBN 978-3-7358-9009-2

978-3-7358-9010-8

ISBN 978-3-7358-9126-6

Viele weitere Kreativ-Bücher findest du auf www.TOPP-kreativ.de

DÜRFEN WIR VORSTELLEN? WIR SIND TOPP!

Uns, unsere Autoren, Bücher, Sets und viele, viele Bastelideen gibt's nicht nur auf Events und in Buchhandlungen, sondern natürlich auch online:

www.TOPP-KREATIV.de

www.YouTube.com/Frechverlag

www.TOPP-KREATIV.de/Newsletter

www.Instagram.com/Frechverlag

www.Facebook.com/Frechverlag

www.Pinterest.com/Frechverlag

www.TOPP-kreativ.de/DigiBib

Der Autor, geboren am 12. November 1967, ist einem breiten Publikum unter dem Namen „Gecko Keck“ als Zeichner und Designer bekannt und in der Kreativszene schon seit langer Zeit etabliert. Fast jeder kennt seine Designs für die Ferrero Ü-Eier (über 5000 Designs und 300 Modelle) oder die von ihm entwickelte bayala® Welt der Firma Schleich®. An zahlreichen Lizenzprodukten großer internationaler Marken wie Sponge Bob, Herr der Ringe, Harry Potter, Hello Kitty, Tabaluga, Asterix®, The Incredibles oder den Peanuts (um nur einige zu nennen) hat er als Gestalter mitgewirkt. Inzwischen wurden bereits über 60 Bücher von Gecko Keck veröffentlicht, einige davon Kinder- und Jugendgeschichten, viele davon aber auch zum Thema Malen und Zeichnen. Besonders auch als Autor von Kinderzeichenbüchern der Reihe „Die Kunst des Zeichnens für Kinder“ und als Manga-Zeichner hat er sich dabei einen Namen gemacht. Zahlreiche Kurse, über ganz Deutschland verteilt, haben zu diesen Themen bereits stattgefunden.

www.facebook.com/GeckoKeckBuecher

KREATIV-HOTLINE
Hast du Fragen oder gibt es ein Problem? Wir helfen dir gern. Ruf uns an oder schreib uns eine E-Mail:
Telefon: 0711 / 123 757 20* *normale Telefongebühren
E-Mail: hilfe@frechverlag.de
Weitere Informationen zum Verlag und zu unserem gesamten Programm findest du unter: www.topp-kreativ.de

IMPRESSUM

ZEICHNUNGEN: Gerhard Wörner, Stuttgart
PRODUKTMANAGEMENT: Nele Schlötzer
COVERGESTALTUNG: Eva Hook
HERSTELLUNG: Heike Köhl
SATZ: Werbeagentur Rypka GmbH, www.rypka.at
DRUCK UND BINDUNG: DZS Grafik, Slowenien

1. Auflage 2024

ISBN 978-3-7358-9132-7 • Best.-Nr. 29132

MIX
Papier | Fördert gute Waldnutzung
FSC® C106600

Penguin Random House Verlagsgruppe FSC® N001967